超画期的 木工テクニック集

STUDIO TAC CREATIVE

CONTENTS

12 **はじめに**
   ノコギリと西洋カンナを使いこなして
   プロ級の木工作品作りを楽しもう

Chapter 1
本格木工に欠かせない主な道具・工具を揃える

16 **ノコギリを手に入れよう**
   17 ノコギリの上手な使い方

18 **西洋カンナを手に入れよう**
   18 買い方
   19 西洋カンナをすすめる理由
   20 板を平らにする
      刃の調節方法
   21 和洋カンナの比較表
   22 カンナがけの基本姿勢
   23 カンナがけの方向
      カンナがけの実際例
   25 トラブルシューティング

26 **揃えておきたい道具・工具**
   26 測るための道具
   29 切ったり印を付ける道具
   30 締め付けたり固定する道具

Chapter 2
「切る」「削る」が簡単・正確・迅速にできるジグ(ガイド)を製作する

「切る」ためのジグ
- *32* 材を直角に切る「直角ガイド」
- *34* 材を垂直に切り込む「縦挽きガイド」
- *35* 材の平面を45°に切る「平留め切りガイド」
- *35* 材の断面を45°に切る「大留め切りガイド」

「削る」ためのジグ
- *36* 材を45°に削る「平留め削り台」
- *40* 1台3役の「大留め削り台」
- *43* 材を平らに削る「ベンチフック」
- *44* 1台2役の「幅決め削り台」＋「ベンチフック」

Chapter 3
材と材をつなぎ合わせる「継ぎ手」の基本を身につける

- *46* 「平留め継ぎ」の写真立てを作る
- *52* 「大留め継ぎ」の箱を作る
- *56* 「包み継ぎ」の箱を作る
- *61* 「相欠き継ぎ」の額縁を作る
- *68* 箱や棚作りによく使われる「追い入れ継ぎ」
- *70* 接合部の補強と装飾を兼ねた「ちぎり」
- *72* より強固に接合する「矩形三枚組み継ぎ」
- *124/130* 「アリ継ぎ」
- *149* 「あられ組み」
- *156* 「ホゾ継ぎ」

CONTENTS

Chapter 4
さまざまな「継ぎ手」を使って生活小物を作る

- 76　2段蓋付きの重ね箱
- 90　ツートンカラーのトレイ
- 97　玄関ミラー
- 104　カトラリー・ボックス
- 109　棚付き額縁
- 112　角付き額縁

[応用編]

- 114　引き出し
- 120　スモール家具という考え方①　引き出し付き飾り台
- 128　スモール家具という考え方②　洋タンス風小物入れ

Chapter 5
木のぬくもりを生かして子どもたちの遊具（おもちゃ）を作る

- 136　絵本棚
- 146　車輪付きおもちゃ箱
- 155　ロッキングホース（揺り木馬）
- 162　遊具ハシゴ
- 166　パズル箱
- 169　3D永久カレンダー
- 174　木の自動車

もっと知りたい！西洋カンナ詳細ガイド

- *176* 構造
- *177* 刃の角度
- *178* 種類
  ブロックプレーン／No.4 ベンチプレーン／
  No.5 ジャックプレーン／No.7 ジョインタープレーン／
  ショルダープレーン／ブロンズ エッジ プレーン／
  ラベット ブロック プレーン／溝ガンナ／ルータープレーン

- *184* 刃研ぎガイドを使った刃の研ぎ方

information
- *191* 道具・工具、木材の入手先一覧

COLUMN
- *34* ノコ刃の保護
- *43* 小さなベンチフック
- *44* もう1つの「平留め削り台」
- *69* ルータープレーンのすすめ
- *71* 2枚刃のノコギリ
- *111* 壁掛け棚
- *187* 新品の刃を研ぐコツ
- *188* ダイヤモンド砥石
- *190* ノミの刃研ぎ

はじめに

ノコギリと西洋カンナを使いこなして
プロ級の木工作品作りを楽しもう

　ノコギリ、西洋カンナ、自作道具を使いこなせば、本格的な木工を楽しむことができます。そうすると、匠の技が必要になると思われがちですが、初心者でも高度な木工が楽しめるようさまざまな工夫が施された、今までにない独創的な方法をご紹介します。

　電動工具を使わないので「静かで安全な木工」が可能になります。木工を始めたいのに、マンションなど住環境の制約により、それができない方には、この本がその解決策になるでしょう。すでに木工を楽しんでいる方には「本格木工」をめざす、レベルアップの本でもあります。

　本書で最も特徴的な点をご紹介しましょう。

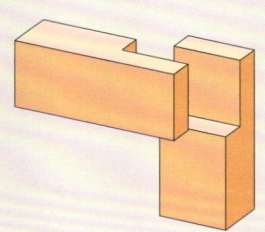

【相欠き継ぎ】

　図は、相欠き継ぎ（あいがきつぎ）といいます。互いの材の半分ほどを切り欠き、接合する方法です。製作には、丸ノコなど電動工具を使うのが一般的です。その理由は作業の早さだけでなく、各部を直角／直線に仕上げる必要があり、電動工具なら刃が直角についているので、加工が容易になるからです。しかし、熟練した木工職人なら、ノコギリだけでそれができるので、電動工具を使わずにこの継ぎ手を完成させることができます。

　本書では、木工職人のようにノコギリで材を切りますが、そこにはノコギリを直角／直線に導く、自作道具を介在させます。こうすれば初心者でも同じ結果が出ます。こうした道具のことをジグ（Jig）といい、実はとても重要な存在なのです。

　写真は、相欠き継ぎを切り出しているところです。間もなく不要部分が切り落とされようとしています。材は自作の縦挽きガイドというジグに固定され、ノコギリで縦に、真下に切り込んでいます。それを可能にしているのが、スペーサーと呼ばれる、板にマグネットシート（磁石の粉を混ぜたゴムシート）を貼ったものです。切り始めは、スペーサーにノコ刃をあてがいます。すると、磁力によりしっかりマグネットシートに引きつけられるので、あとは真下に切り込んでいくだけです。

　縦挽きガイドを使う便利な方法は、私の知る限り従来の木工にはありませんでした。

　また、この本のもう1つのポイントである西洋カンナは、大工さんがよく使っている和ガンナに比べ、刃を研ぐ方法やメンテナンスがとても簡単で、切れ味も最高です。

　縦挽きガイドを使ったり、日本の木工に西洋カンナを取り入れることは、今までにない、全く新しい発想から生まれた作品づくりのアプローチです。

[特 徴]

① 電動工具による騒音や削り屑の飛散などの心配がなく、静かで安全です。

主に使う道具は、手で挽くノコギリと、日本のカンナに比べて扱いやすい西洋カンナ。

② 作業や収納に大きなスペースをとらないので、マンションでも手軽にできます。

作業する場所はデスク1つ。真下に大きなゴミ箱を置くと、作業終了後の掃除も楽。ゴミ箱に、使った道具や材料を収納しておくこともできます。

道具・工具や材料一式を旅行用のキャリーバッグに入れれば、収納もスッキリ、持ち運びにも便利。

③ ジグ(ガイド)を使えば、初心者でも切る・削るなどの加工作業が正確に、くり返しできます。

45°に削る大留め削り・直角削り・幅決め削りの3役が、この1台でできるジグ「大留め削り台」。

材を直角に切り落とすための直角ガイド。マグネットシート付きなのでノコギリの刃が安定します

警　告

○この本は、習熟者の知識や作業、技術をもとに、編集時に読者に役立つと判断した内容を記事として再構成し掲載しています。そのため、あらゆる人が作業を成功させることを保証するものではありません。よって、出版する当社、株式会社スタジオタッククリエイティブ、および取材先各社では作業の結果や安全性を一切保証できません。また、本書の趣旨上、使用している工具や材料は、作り手が通常使用しているものでは無い場合もあります。

○作業により、物的損害や傷害の可能性があります。その作業上において発生した物的損害や傷害について、当社では一切の責任を負いかねます。全ての作業におけるリスクは、作業を行なうご本人に負っていただくことになりますので、充分にご注意ください。

○使用する物に改変を加えたり、使用説明書等と異なる使い方をした場合には不具合が生じ、事故等の原因になることも考えられます。メーカーが推奨していない使用方法を行った場合、保証やPL法の対象外になります。

○本書は、2012年11月22日までの情報で編集されています。そのため、本書で掲載している商品やサービスの名称、仕様、価格などは、メーカーや小売店などにより、予告無く変更される可能性がありますので、充分にご注意ください。

○写真や内容が一部実物と異なる場合があります。

Chapter 1
本格木工に欠かせない主な道具・工具を揃える

　道具・工具は「ああしたい・こうしたい」という木工に対する思いを具体的に形にすることを可能にしてくれるもの。「道具がないからできません」は、その可能性を自ら狭めることになり、とても残念です。本格木工の主力となるノコギリと西洋カンナは、この際ぜひ入手を。また、あると便利な「揃えておきたい道具・工具」も紹介しましょう。

16　ノコギリを手に入れよう
　　　ノコギリの上手な使い方

18　西洋カンナを手に入れよう
　　　買い方
　　　西洋カンナをすすめる理由
　　　材を平らにする
　　　刃の調節の方法
　　　和洋カンナの比較表
　　　カンナがけの基本姿勢
　　　カンナがけの方向
　　　カンナがけの実際例
　　　トラブルシューティング

26　揃えておきたい道具・工具
　　　測るための道具
　　　切ったり印を付ける道具
　　　締め付けたり固定する道具

ノコギリを手に入れよう

①ゼットMIRAIα265アサリなし刃（アール刃）。通常使用のほか、アール刃なので畔挽き（アゼヒキ）ノコとして使える。ノコ刃を寝かせて切ることで、刃渡りより幅の広い板にも溝の切り込みを入れることができ、加工範囲が大きく広がる。

②中屋「名工」M270アサリなし刃。刃は改良刃と呼ばれる目立てをしており、横挽目6本と縦挽目2本という組み合わせにより、「たて・よこ・ななめ」の切断に威力を発揮。また縦挽目の目底までは広く深くなっているので、木クズのはけが良い。縦挽きガイドを使う材の縦挽き感は特にすばらしい（2015年6月発売予定）。

③パイプソーHI フラット225（アサリなし）。

④ライフソーHI クラフト145（アサリなし）。

本書ノコギリ木工専用刃・販売：ツールズGR（http//www.tools.gr.jp）／（株）インターナショナル・ミライ・コーポレーション

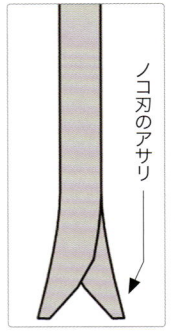

一般的にノコギリの刃にはアサリと呼ばれる若干の角度がつけてあるため、刃の部分だけほんの少し左右に広がっています。これは切り屑を排出しやすくして、よく切れるようにするためです。しかし、写真の4本のノコギリには、アサリがついていません。本書ではノコギリでまっすぐ材を切るための方法として、マグネットシートを貼ったノコギリガイドという道具を使います。このマグネットシート面にキズをつけないよう、主にアサリのないノコ刃を使います。また、グリップがピストルタイプのものは、握ったときの手首の角度に無理がないので使いやすいでしょう。

また、この他に挽き廻しノコギリという、曲線を切るための細いノコギリがあると便利です（例：ライフソー 木工ペッカー、刃渡り80、150、210）。

アサリのないノコギリは板の表面を傷つけずに木栓を切り落とせます。写真は角利ダボ付きFlush Cut 180mm。

Chapter1
本格木工に欠かせない
主な道具・工具を揃える

ノコギリの上手な使い方

▶ ノコ刃にロウソクを塗る

ノコ刃にロウを塗ると動きが滑らかになります。

材の先端を少し押し下げます。

アサリのないノコギリで材を切っていると、切り口にはさまれてノコ刃が動きにくくなることがあります。その時は、ノコ刃の両面にロウソクのロウを塗ってみましょう。かなり滑りがよくなります。

また、写真左のように材の端を下方に少し押し下げるようにすると、切り口がわずかにV字形に広がるため切りやすくなります。

▶ 滑り止めマットを敷く

ノコギリでカットする時、作業台の上に置いて手でしっかり押さえていても、材が動いてしまうことがよくあります。そこで、滑り止めマットを敷くとかなり改善されます。そのつどマットを広げるのもいいですが、合板の両面にマットを貼っておくとすぐ使えて便利。ぜひお試しを。

滑り止めマットを使えば材が動きません。

▶ 正しい姿勢

材を切る時はノコギリをまっすぐ挽くこと。ノコ刃と肘が一直線になることが基本です。そのための姿勢はとても大切です。右利きの人を例に説明しましょう。

写真①は正しい姿勢。ノコ刃の延長線上に肘があり、右目でノコ刃を見ています。こうするとノコギリをまっすぐ挽くことができます。写真②は悪い姿勢。ノコ刃の延長線上に肘がなく、両目でノコ刃を見ています。この姿勢ではまっすぐ挽けません。

写真①は正しい姿勢ですが、右目がノコギリの真上にあるので、刃先で材を切っている様子が見づらいのが難点です。そのため、写真②のような姿勢になることが多くなってしまいます。そこで、縦挽きガイドを左右反転して材をクランプすると写真③のような姿勢になります。この場合も、ノコ刃の延長線上に肘があり、右目でノコ刃を見ることに変わりはありませんが、刃先の様子を見ることができます。作業しやすい姿勢を選ぶようにしましょう。

西洋カンナを手に入れよう

電動工具に頼らない本書に欠かせないのが、西洋カンナです。木工では、どんなに精度を追求しても、継ぎ目などにわずかな目違い（段差）が生じるものです。そこで、どうしても必要になるのがカンナ。板を平らにするだけでなく、溝を加工する、コーナーを削るなど、用途によってさまざまな種類があります。

カンナの代わりにサンドペーパーを使う手もありますが、時間がかかり、材の周囲がダレて曲面になりやすく、直角や平面が出にくいものです。

それでもカンナが敬遠されるのは、メンテナンスや刃を研ぐこと（刃研ぎ）がむずかしいという和ガンナのイメージがあるからでしょう。もし初心者でも簡単に扱えるカンナがあるなら使わない手はありません。それが西洋カンナなのです。

電動工具を使わない静かな空間で聞こえるカンナがけの音と木の香りを経験すれば、間違いなくカンナがけが楽しくなります。

必携

奥：板を平らにする両手用ベンチプレーン
中央：コーナーを削るショルダープレーン
手前：用途はさまざまなブロックプレーン

買い方

西洋カンナは、欧米のメーカーだけでなく、現在では中国やインドでも製造されており、低価格のものから高級品まで様々です。

安価なものは、カンナ本体、特に底部の加工精度やフロッグと呼ばれるパーツ、それに刃の品質に不安があります。カンナを選ぶ上で大切な点の1つは、底部がどの程度平らに加工されているかにあります。平らでないと材を削ることができないからです。どのメーカーのカンナも一見、平らに見えますが、実は大きな違いがあります。

安価なカンナでも、平らな石板や厚いガラス板の上にサンドペーパーを貼り、その上で底部を研磨する修正方法がありますが、本体は鉄製なので大変な作業になります。仮にこうした方法で修正しても、その他の加工部分の精度に不安が残ったり、刃の品質が低かったりするので、安価なものを買うのは避けた方が賢明です。

そうした理由から、本書では最高級品といわれるアメリカのリー・ニールセン・ツールワークス（Lie-Nielsen Toolworks）の製品を中心に解説していきます。このメーカーのカンナは、海外の木工雑誌に登場する作家のほとんどが使っているといっても過言ではないほど広く愛用されています。品質に比例してそれなりの価格ですが、一度使うと手放せなくなります。

鋭利に研いだ刃で削ると、透けて見えるほどに薄いカンナ屑が出ます。

西洋カンナをすすめる理由

カンナを使うと、材の接合部の段差や隙間はゼロになります。表面もガラスのように滑らかになり、あなたの木工技術は確実にレベルアップします。

にもかかわらず、カンナを敬遠する人が多いのが現状です。その理由は、和ガンナのメンテナンスのむずかしさにあります。和ガンナは台（本体）が木製のため、使ううちに底面が擦り減り、台直しといってそれを修正する必要が生じます。

また、カンナにとって避けられない刃研ぎや、カナヅチでトントン叩きながら台から刃を出したり引っ込めたりする調整の作業も簡単ではありません。

しかし、高品質の西洋カンナでしたら、台が金属なので台直しの必要は全くありません。刃の出し入れも、アジャスターナットを回すだけです。また、ローラー付き刃研ぎガイドを使えば、誰でもすぐに刃が研げます。

和ガンナも西洋カンナも同じように、カンナ屑が透けて向こうが見えるほど薄く削れるのでしたら、和ガンナに比べてメンテナンスがはるかに楽で簡単な西洋カンナを使わない手はありません。

西洋カンナについては、まだ日本では知られていません。そこで、その種類や特徴だけでなく、実際に役立つ使い方、刃の研ぎ方、購入先にいたるまでを詳しく述べることで、日本で初の西洋カンナ入門の解説にしたいと思います。

これを水先案内として、さまざまな西洋カンナを使いこなしてください。

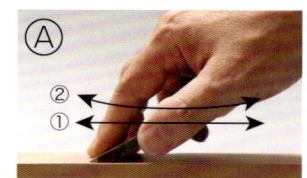 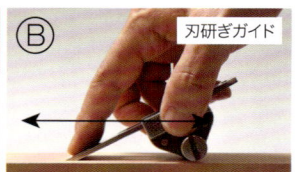

和ガンナの刃研ぎ　　　西洋カンナの刃研ぎ

▶ 刃研ぎの違い

写真Ⓐ和ガンナの刃研ぎは、①の矢印が示すように一定の角度を保ちながら前後に動かすのが基本であり理想です。しかし、実際にフリーハンドでやってみると大変むずかしく、初めての人には不可能といっていいでしょう。多くは②のような前後の動きで、しのぎ面（研ぎ面）は丸刃と呼ばれる曲面になり、切れない刃になってしまうのが一般的です。

一方、写真Ⓑ西洋カンナの刃研ぎは、ローラー付き刃研ぎガイドに刃をはさみ、砥石上で前後に動かすだけです。誰にでも簡単に、最も重要な「砥石上で常に一定の角度で研ぐ」ことができます。

その結果、しのぎ面は真っ平らになり、プロ顔負けの鋭利な刃に仕上がります。

板を平らにする

1枚の板をノコギリで挽き割り、それを西洋カンナで平らに仕上げました。ハードメープルというとても硬い材で、右側の板のように挽き割った面はかなり荒れていましたが、カンナで光が反射するほど滑らかになっています。

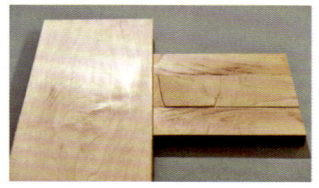

使用したカンナの刃とそのカンナ屑。左端は荒削り用のスクラブプレーンというカンナの刃。刃先がカーブしていて、カンナ屑の幅は狭く厚い。中央の2つは1台のジャックプレーンに、荒削り用の櫛のような刃と通常の刃を付け替えて使用。右端はNo.4ベンチプレーンの刃で、仕上げ工程で使用します。

刃の調節方法

ブロックプレーンを例に刃の調節方法を説明します。研ぎ終わった刃を本体にそっと載せ、刃裏のくぼみをブレードアジャスターナットに合わせます。

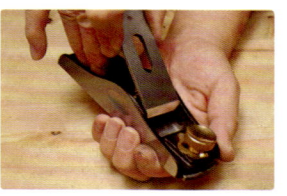

刃と本体が連結し、このナットを回すことで刃の出具合を調節できるようになります。次に真鍮色のキャップを刃にかぶせ、スピンホイールを回すと刃が本体に押し付けられ、固定されます。

続いて、写真のように底面が上になるように持ち、刃先を自分に向けた状態で刃の出具合を調整します。必要に応じて、刃が動きやすいようスピンホイールを少し緩めます。刃の調節は、はじめは刃を出しておき、徐々に引っ込めて、刃先が消えるか消えないかのところで止めるのがポイント。この時、背景に白い布やペーパータオルを置いておくと、刃の出具合が見やすいでしょう。

左手人差し指でブロンズのキャップを押さえながらアジャスターナットやスピンホイールを回せば、緩めすぎて突然キャップや刃が外れそうになっても慌てずに対処できます。

最後に、アジャスターナットを刃が出る方向に回して、回転のあそびを取っておくと、使用中に刃が引っ込んで削れなくなることを防止できます。試しに刃の左右両端で端材を削ってみて、カンナ屑の出方が揃っているかをチェックしましょう。

端材を刃の左右両端で削り、カンナ屑の出方が同じであれば刃先は底面と平行になっています。

▶ 刃の出具合を簡単に調節

慣れないうちは、刃をどの程度出せばいいのか分かりません。そこで簡単にできる方法をご紹介しましょう。まず、刃を引っ込めた状態で材の上を滑らせながらアジャスターナットを回し、徐々に刃を出していきます。引っかかりが生じたところを基準にして、後は左右の傾きを調節します。

材の上でカンナを滑らせながらナットを回します。

和洋カンナの比較表

和ガンナ 	西洋カンナ 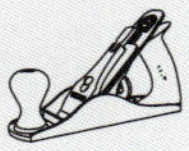
台直しが必要 和ガンナの底は平らではない。木製のため磨り減ったり変形するので、台直しカンナなどで点線のように整形するのに熟練が必要。 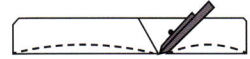	**台直しが不要** 西洋カンナの底は平ら。鋳鉄製のためほとんど減らない。（安価なものは平面が不正確なものがあり、購入時、台直しが必要なものもある。）
側面の直角が不正確 削り台でカンナを横にして使う時、正確な直角にするため、側面を削って調整する必要がある。	**直角が高精度** 製造時の加工で、はじめから正確な直角になっている。
刃の形状がテーパー 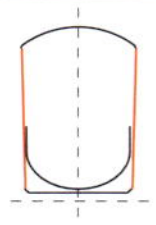 刃の直角が出しにくい。中心線に対する刃先の直角が求めにくい。	**刃の形状が長方形** 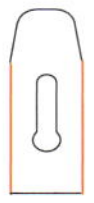 両サイドが平行なので刃の直角が出しやすい。刃研ぎガイドに固定しやすい。
刃の厚みがテーパー  テーパーなので刃研ぎガイドに固定しにくい。	**刃の厚みが一定** 刃研ぎガイドに固定しやすい。
裏打ちと裏押しが必要 刃裏が凹状なので刃がつかなくなる裏切れが生じる。そのつど裏打ちが必要（左写真）。失敗して刃先を欠く可能性大。かなりの熟練が必要。裏打ちは刃の地金部分のみを打つ。更に毎回の裏打ちごとに行なう金盤上での刃付け作業も必要（裏押しという）。これも熟練が必要。  	**裏打ちと裏押しは不要** 刃裏が平らなので、裏切れが生じない。したがって裏打ちと裏押しという作業もない。これにより、カンナのメンテナンスが大幅に簡素化される。 
刃の出具合と傾き調節 刃の出具合や左右の傾き調節を金づちで行なう。微調整がしにくい。初心者には刃の出具合を決めるのが難しい。	**調節機能が備わっている** 刃の出具合や傾き調節機能がカンナに備わっている（◯印部分）。初心者が刃の出具合を調節するには、まず刃を引っ込めた状態で材の上を滑らせながらノブを回し、徐々に刃を出していく。ひっかかりが生じたところを基準にすればよい。 
刃口の調節ができない 刃口の調節ができない。台直しをくり返すと木部が減り、刃口が広がる。修正には埋め木の加工技術が必要となる。	**刃口の調節ができる** 刃口を広げたり狭めたりする機能が備わっている。そのため、荒削りでは広げ、仕上げは狭めることで複雑な木目でも逆目が止まりやすくなる。 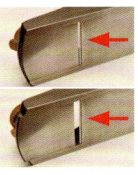

カンナがけの基本姿勢

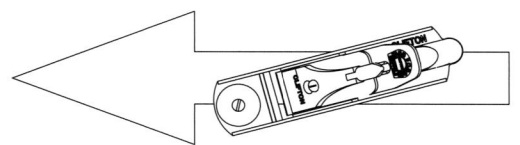

　西洋カンナは、身体全体でカンナがけをすれば、自然に板を平らに滑らかにしてくれるものです。削る板を固定したら、前後のハンドルをしっかり握り、カンナがけを始めましょう。

　進行方向に対してカンナを少し斜めにしたまま押してかける「斜めがけ」はよい方法です。木目に斜めにあたるので抵抗が減り、動きがスムーズになります。特に、木目が不規則でカンナがつっかかりやすい場合には有効です。

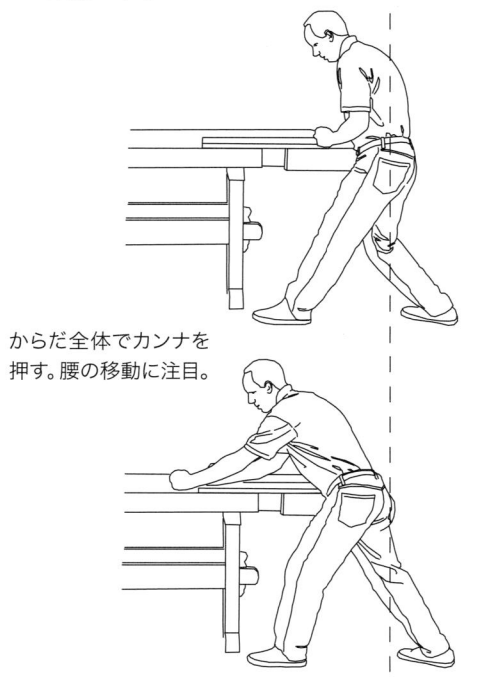

からだ全体でカンナを押す。腰の移動に注目。

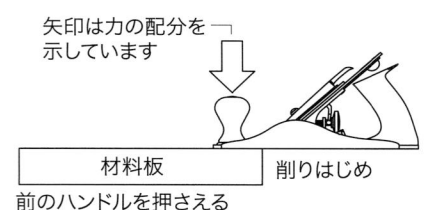

矢印は力の配分を示しています

材料板　削りはじめ
前のハンドルを押さえる

材料板　削り途中
両方のハンドルを均等に押さえる

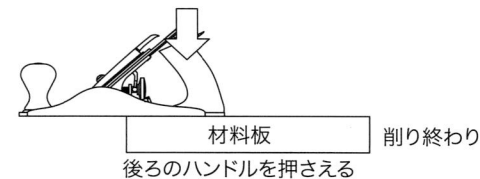

材料板　削り終わり
後ろのハンドルを押さえる

　身体全体でカンナを押すようにかけていきます。削りはじめは前のグリップに力を集中します。続いてカンナ全体が板の上に移動するにつれて、押さえる力を前と後ろのグリップ両方に均等に配分します。削り終わりは前のグリップの力を緩めながら後ろのグリップに力を移します。

カンナがけの方向

カンナがけには、木目に沿った方向があります。通常は、図1の「順目（ならいめ）」でカンナがけします。図2の「逆目（さかめ）」では、刃が木の繊維に食い込んでしまい滑らかになりません。

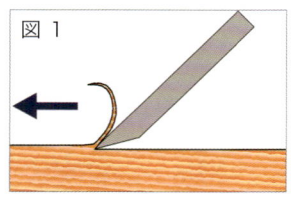
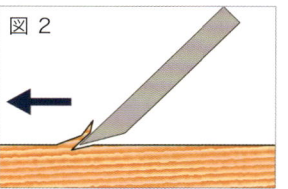

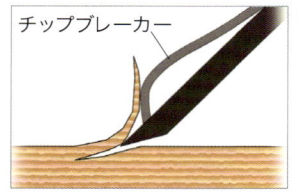

チップブレーカー（裏金）が刃先から1mm以上離れていると、材は刃の手前から裂けやすく、荒れた表面になります。

チップブレーカーを刃先に近づけると、カンナ屑はそこにぶつかり、急角度で立ち上がるために材は裂けにくくなります。

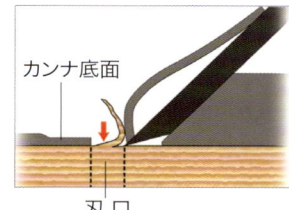

刃口が広いと、刃によって矢印部分の材が掘り起こされるように持ち上がるので、材の裂けがやや残ります。

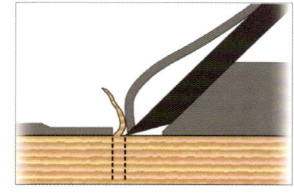

刃口が狭いと、刃の直前まで材が押し付けられ、裂けは最小限になります。

カンナがけの実際例

▶ [例1] キャビネットのカンナがけ

面積の広い箇所は、刃幅の広いNo.4ベンチプレーン、狭い箇所は刃幅の狭いブロックプレーンと、カンナを使い分けています。写真01、写真02は、No.4ベンチプレーン仕上げ。表面はとても滑らかになるので、サンドペーパーがけは不要です。写真03は、ブロックプレーンで引き出し上面部を削って、スムーズな出し入れができるように調整しているところです。

キャビネットの側板をNo.4ベンチプレーンで仕上げ。

引き出しの前板をNo.4ベンチプレーンで仕上げ。

ブロックプレーンで引き出し上面を調整。

▶ [例2] 木端と木口のカンナがけ

木端（こば／板の厚み部）をカンナがけする場合、前のノブは握らず、親指をカンナ先端にあてがい、人差し指を材の側面に沿わせて押して行きます。こうすることで、蛇行や左右の傾きが防止できます。

木口を削る時、削り終わりで材の先の角が割れてしまうことがあります。防ぐには、あらかじめ少し角を削り落としておくか、角に端材をあててクランプしておくといいでしょう。木口を水で湿らせておくとカンナがけがしやすくなります。

ローアングル・ブロックプレーンは木口削りには最適です。

▶ [例3] 目違いを払う（段差をなくす）

額縁の製作で、角にはめ込んだちぎりを平らに削る場合、外側から内側にカンナがけをすると材に割れが生じません。

留め継ぎの目違いを払う場合、コンパクトなブロックプレーンが役立ちます。こうした微妙なカンナがけのためにも、削り棒でどこまで薄いカンナ屑を出せるか練習しておくとよいでしょう（189ページ参照）。

▶ [例4] 象眼（ぞうがん）を滑らかに仕上げる

①
②
③
④
⑤
⑥

写真①〜③象眼とは、模様を掘り込んだ材に他の材をはめ込む技法のこと。目違いを払うため、はじめはブロックプレーンでどんどん削り、ある程度平らになってきたらベンチプレーンで仕上げます。

写真④〜⑥は、石鯛をイメージした象眼。はめ込む板を色違いで2枚作り、縞模様にカットした後に交互に配列。木工ボンドに墨汁を混ぜて使い、黒い輪郭にしました。はみ出た木工ボンドで黒く覆われています。象眼面積が広いので、ブロックプレーンではなく、2種類のNo.4ベンチプレーンを荒削りと仕上げに使いました。

トラブルシューティング

▶ **カンナの滑りが悪い**

＜解決法＞

- 底面にロウソクを塗ってみましょう。刃を研ぎ直したかと錯覚するほど滑りがよくなります。

底面にロウソクのロウやワックスを塗ると滑りがよくなります。

▶ **縞（しま）状に削れてしまう**

カンナがけをすると、縞状に削れたり、いつもと違う音がしたり、滑ってしまうことがあります。

＜解決法＞

- 前のグリップを少し強く押さえて削り始める。
- 刃を少し引っ込めて削る量を減らす。
- 斜めがけしてみる（すでにしている場合はさらに角度を増してみる）。
- 刃を研ぎ直す。

▶ **きちんと削れていない**

＜解決法＞

- 刃口にカンナ屑が詰まっていないかチェックする。
- 刃を少し出して削ってみる。
- 刃のアジャスターナットのあそびがゼロになってない場合は、右に回してあそびをとる。
- 刃とチップブレーカーの間に隙間がないかチェックする。
- 刃を研ぎ直す。

▶ **板の表面が荒れてしまう（逆目立ち）**

逆目立ちは、カンナがけで一番身近な問題。カンナの刃が木の繊維を引っ張り上げてしまい、毛羽立った荒れた表面になってしまいます。

＜解決法＞

- 刃を少し引っ込める。
- カンナがけの方向を反転してみる。
- 斜めがけしないで削る。
- 刃を研ぎ直す。

▶ **刃のすじ跡が残る**

＜解決法＞

- 左右傾き調整レバーで調整し、刃を少し引っ込めて削りを軽くする。
- 刃先の両端だけ研ぐ回数を多くし、わずかにカーブをつける。

▶ **刃の出し入れや傾き調節がきつすぎる**

＜解決法＞

- 刃を本体に押し付けているレバーキャップのキャップスクリューを少し緩める。

揃えておきたい道具・工具

測るための道具

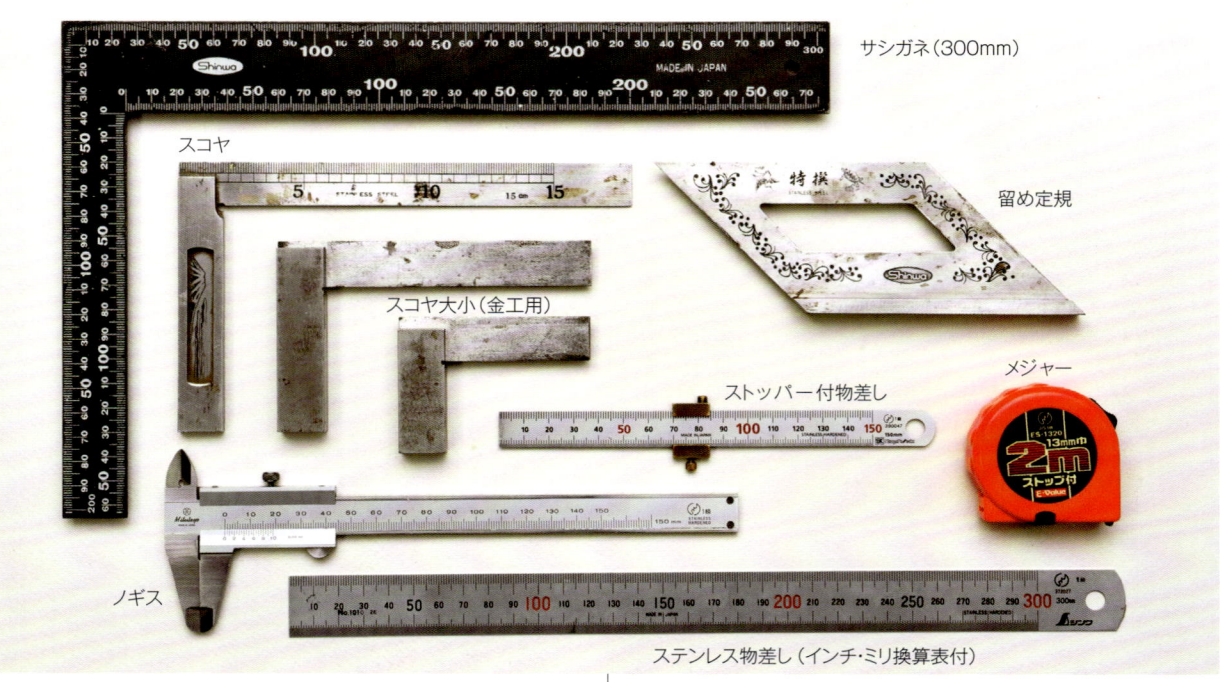

サシガネ(300mm)
スコヤ
留め定規
スコヤ大小(金工用)
ストッパー付物差し
メジャー
ノギス
ステンレス物差し(インチ・ミリ換算表付)

▶ **サシガネとスコヤ** 必携

　木工で大切なのは、直角と45°の角度を正確に出すこと。特に直角はあらゆる場面で必要になり、サシガネとスコヤは必須アイテムです。私は金工用スコヤも使い、目的に合わせ大小を使い分けています。

　使い方はまず、材のどこの面を基準にするかを決めます。その基準面(材の厚み部分)にサシガネやスコヤを引っかけた状態で、基準面から離れないようしっかり押しつけるようにして直角に線を引きます。サシガネはカネジャク(曲尺、矩尺)ともいいます。

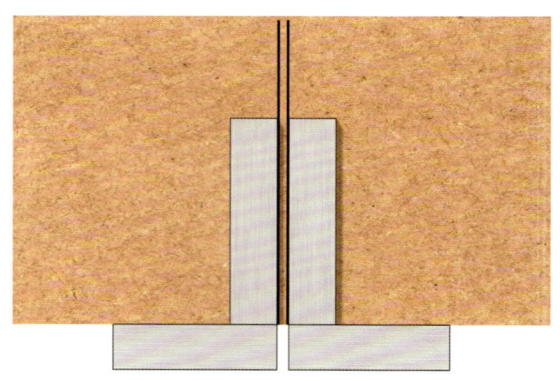

スコヤやサシガネが直角かどうかを調べる方法があります。まず、直角に1本の線を引きます。次に、スコヤを反転して、最初の1本の線の近くにもう1本線を引きます。この2本の線が平行であれば直角、平行でなければ直角になっていないことになります。

Chapter1
本格木工に欠かせない
主な道具・工具を揃える

▶ 留め定規 必携

額縁などの留め継ぎ製作で、正確な45°の線を引く時に必ず必要になる定規です。

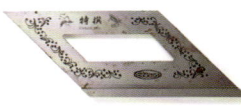

▶ ストッパー付き物差し 必携

物差しを移動して、同じ距離に位置設定。

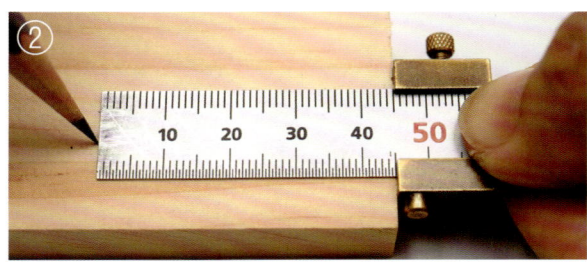
材の端から一定の距離に印を付ける。

ケビキの位置設定。

物差しにストッパーが付いていると、いろいろと便利な使い方ができます。写真①はカンナ削り台で、削り面から可動フェンスまでの距離設定に使用しています。写真②のように材の端から一定の距離に印を付けたり、写真③のようにケビキの距離設定にも使用できます。

▶ メジャー 必携

購入する時、ステンレス物差しや別のメーカーのメジャーと長さを比較して、目盛りが正確かどうかチェックすることをおすすめします。

メジャー先端のフック金具がガタガタしているのは、取り付け不良ではありません。物に引っかけて長さを測る時と、箱の内のりを測る時のように、物に突き当てて長さを測る時の両方に使えるようになっています。ガタがフック金具の厚みを補正しているのです。

▶ ステンレス物差し 必携

物差しとしてだけでなく、裏面も有効活用しましょう。インチ・ミリメートル換算表が記載されているものがおすすめ。木工が上達して海外の優れた道具類を入手した時、インチサイズのものが多いのでこの表が役に立ちます。また、タップという道具で材にネジ穴をあける時、あらかじめドリルであける下穴のサイズが裏面に記載されているものもあります。チェックしましょう。

ステンレス物差しの裏側に記載されたインチ・ミリメートル換算表(左)。
ドリルであける下穴のサイズ(右)。

▶ ノギス 必携

材の厚み、外径、内径、深さなどを100分の5mmの精度で測ることができる優れた道具です。本書では、ノコギリの厚み、アサリ幅、合板の厚み、マグネットシートを貼った各種スペーサーの厚みなどを測ることが多くあります。

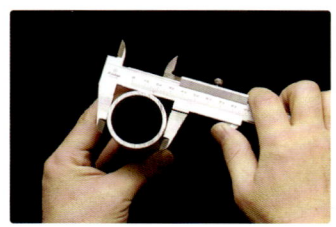
外径を測ります。

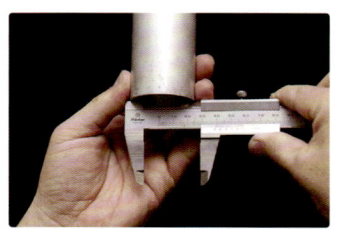
内径を測ります。

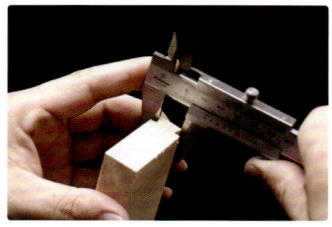
厚みや幅を測ります。

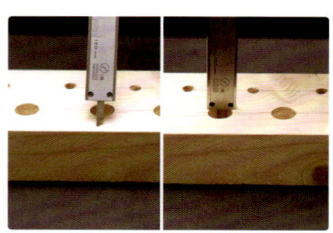
穴の深さを測ります。

<ノギスの使い方>

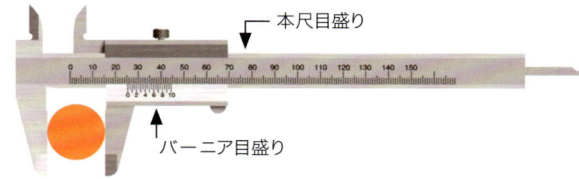
本尺目盛り
バーニア目盛り

上図はノギスで丸い物をはさみ、直径を測っているところ。ノギスには、本体に記された本尺目盛りとスライドするバーニア目盛りの2つがあります。

下図は本尺目盛りとバーニア目盛りの拡大図。まず、下のバーニア目盛りのゼロの位置が本尺目盛りのどのあたりにあるか調べます（図では25mmと26mmの間）。これで大まかに丸い物の直径が25mm台であることが分かります。

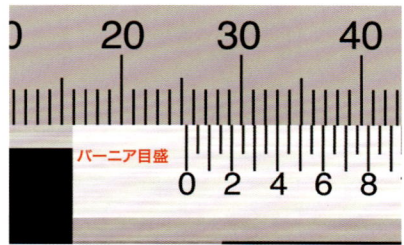

次に、本尺目盛りとバーニア目盛りが一直線に重なっている部分を探します。図では赤線部分が一直線に重なっています。バーニア目盛りが4の位置なので、読み方は25.4。したがって、丸い物の直径は25.4mm。簡単に高精度で測れるのがノギスの特徴です。

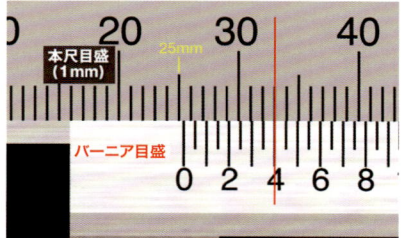

Chapter1
本格木工に欠かせない
主な道具・工具を揃える

切ったり、印を付ける道具

①.②カッター大小
③.④シャープペンシル／細い芯と太い芯
（小物の多くは100円ショップでも揃います）

▶ **ケビキ** 必携

材の端から一定の距離に線を引く道具。実際には刃物で細い線を切り込んでいます。ノコギリで切る位置を示したり、ノミで削る位置を印したりします。切り込みはV字状の細い溝なので、そこにノミなどの刃先を合わせることができるため、鉛筆の線に刃先を合わせるよりも正確に加工ができます。

▶ **テープ** 必携

テープ類は材を仮留めするなどの目的で頻繁に使います。両面テープは、はがせるタイプを入手しましょう。

▶ **アクリルカッター** 必携

プラスチック板を切るのに使います。切るというよりV字の傷をつけるといった方が正確な表現。V字溝がある程度の深さになったら、そこを折って切り離します。

▶ **万能バサミ** 必携

厚さ1mm程度の塩ビの板でしたら万能バサミで切れるため、アクリルカッターより作業が早くて簡単です。大きいものなら本書で使用しているノコギリの刃も裁断できます。

▶ **滑り止めマット** 必携

作業台の上で、不安定な棒材などをノコギリで切り落とす時、材の下にこのマットを敷くと動きにくくなり、とても切りやすく便利です。

締め付けたり固定する道具

▶ **クランプ** 必携

　仮留めや接着する時に材を締め付け、固定するためのクランプは木工には欠かせず、いくつあっても充分ということはありません。

　代表的なのがF型クランプとC型クランプ。写真のF型は最大150mmまで、C型は50mmまでのものをクランプできます。用途に合ったサイズを用意します。

　ベルトクランプは箱や額縁を組み上げて接着する時、4つのコーナーを一度に締め付けることができる便利なもの。

　アルミアングル材は、ベルトクランプを使う時に箱のコーナーを保護するために使います。内側にビニールテープが貼ってあり、はみ出した接着剤が直接アルミに付着するのを防いでいます。

<自作クランプ>

　2本のM8(直径8mmのボルト)全ネジ棒を使って自作したクランプ。木片に埋め込まれたナットは通常のものです。小さめの下穴にナットを叩き込んであります。締め込む側に、早締めナットという特殊ナットが使われていますが、蝶ナットや高ナット(長いナット)も使えます。

全ネジ棒と木片を使って自作したクランプ。

Chapter 2

「切る」「削る」が簡単・正確・迅速にできるジグ(ガイド)を製作する

　木工では、材を45°や直角に切る、削る、複数の材を同じ幅に仕上げるなどの加工を頻繁に行ないます。直線を引く時に定規が必要なように、きれいな円を描く時にコンパスが必要なように、そのためのジグ(ガイド)は、いつでも簡単に、正確に、迅速に、くり返し作業を進める上で欠かせません。さまざまなジグの自作法をご紹介しましょう。

「切る」ためのジグ
- 32　材を直角に切る「直角ガイド」
- 34　材を垂直に切り込む「縦挽きガイド」
- 35　材の平面を45°に切る「平留め切りガイド」
- 35　材の断面を45°に切る「大留め切りガイド」

「削る」ためのジグ
- 36　材を45°に削る「平留め削り台」
- 40　1台3役の「大留め削り台」
- 43　材を平らに削る「ベンチフック」
- 44　1台2役の「幅決め削り台」+「ベンチフック」

切る

材を直角に切る「直角ガイド」

[使い方1] 材を直角に切り落とす

直角ガイドを作業台にクランプしてから、そこから飛び出すようにして切り落とす材をクランプします。後はノコ刃をマグネットシートにつけて挽くだけ。

[使い方2] ホゾ先を加工する

あらかじめ縦に切り込みを入れた材。

　材を直角に切り、切り落とす角度も直角になる、最も使用頻度の高いガイドです。作り方はいたって簡単。ノコ刃があたる部分にマグネットシートを貼り、板の端部に材がズレないようにするためのストッパーを接着するだけ。ノコギリはアサリのないものを使えば、マグネットシートを傷つけません。

▶ 作り方

　ベース板（100×220×18mm）の断面（木端）にマグネットシートを貼ります。その後、板の端部にスコヤをあてがい、ストッパー（断面寸法3×10mm程度の角棒）を直角に接着します。

　写真上は、直角ガイドの裏面にストッパーを接着しているところ。実際に使用する時は、この裏面が下になります。

　直角ガイドを使い、材のホゾを加工します。ホゾ継ぎとは材にあけた四角形の穴に相手材の凸部（ホゾ）を差し込む継ぎ手のことです。写真①のようにあらかじめ別のガイドで縦に切り込みを入れ、次にその部分を横から切り落とします。この時、写真②のように直角ガイドを使い片側を切り落とし、反転して残りを切り落とします。

　この作業で注意することは、材を反転してもマグネットシート面から出ている量が同じでなければならないこと。そこで、端材に穴をあけ、爪楊枝を差し込んだ簡単なストッパーを作りました。楊枝の位置が、材の厚みのほぼ中央、ホゾ先にあたるようにしておくこと。ストッパーの厚みは、ホゾ加工する材と同じかそれ以上あることがポイント。ストッパーも材と一緒に切り込みが入るので、薄い板だと切り落とされてしまうからです。

Chapter2
「切る」・「削る」が簡単・正確
迅速にできるジグを製作する

[使い方3] 同じ長さの材を切り出す

　棒の先に下向きの爪がついているのは、複数の材を同じ長さに切り揃えるときに使うストッパーです。マグネットシート面から爪までの距離をあらかじめ決めて両面テープで固定します。次の材もこの爪にあてがうようにしてセットするだけで同じ長さになります。

棒の先に下向きの爪をつけたストッパー。

▶ ノコギリの切り込みの深さを設定する

　ノコギリで切り込む深さを設定するための道具。溝加工などでは、切り込みの深さを一定にする必要があります。写真①のように、端材（ここではアイススティック）を両面テープでノコ刃に貼れば、深さは簡単に設定できます。

　写真②：設定ボードにノコギリ刃をのせ、板に接着してある細棒のフェンスに刃先全体をピッタリと押しあてます。写真③：例えば切り込み深さを10mmにしたい場合は、10mm幅の角棒をフェンスに押しあてるようにしてノコ刃の上に乗せ、その角棒に沿ってアイススティックをノコ刃に両面テープで貼ります。

▶ アイススティックが便利

　アイススティックは、ノコギリの切り込みの深さを設定するストッパーにしたり、サンドペーパーを貼って狭い部分を磨いたりと、いろいろ使えて便利です。100円ショップやホームセンターで入手できます。

ノコ刃に両面テープでアイススティックを貼り付けます。

縦挽きガイドを使い、アイススティックを貼ったノコギリでカットしているところ。

切る

材を垂直に切り込む「縦挽きガイド」

縦挽きガイドは、材を縦に固定して、縦に切り込むためのガイドです。黒く見える部分は合板にマグネットシートを貼ったもので「スペーサー」といい、ベース面に両面テープで固定されています。ベース面の裏側には、やや太め（60×60mm）の角材を接着剤と木ネジで固定しています。クランプで縦挽きガイドと作業台を固定するためです。

例えば厚さ5mmのスペーサーを使うと、ベース面に固定された材の端から5mm離れた位置に切り込みを入れることができます。スペーサーの厚みを変えれば、切り込み位置も変わってきます。この方法でさまざまな継ぎ手が製作できます。

さまざまな厚みのスペーサー。スペーサーの幅は使用するノコ刃の幅と同じ程度にします。縦挽きガイドでは、使用するノコギリと同じ刃を厚みゲージとして使うことがあるので、切れ味の落ちた刃は捨てずに残しておくとよいでしょう。

くさび型のスペーサーを使えば、材を蟻継ぎ（ありつぎ）形状にカットすることも可能。蟻継ぎは継ぎ手部分が外れにくい強固な接合方法です。

写真の縦挽きガイドには、ベース面の穴に小さな磁石が埋め込んであります。製作する継ぎ手によっては、使用するノコギリの替え刃を厚みゲージとして使うため、この磁石があれば簡単にベース面に固定できます。

▶ 縦挽きガイド寸法図

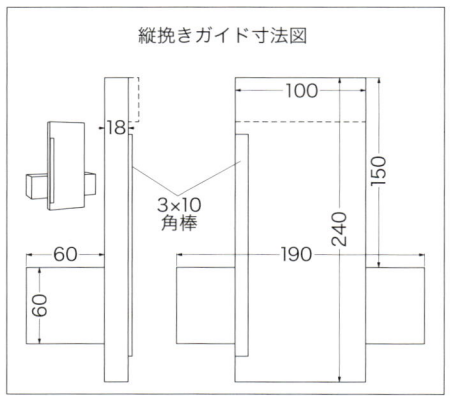

写真上の縦挽きガイドの寸法を示したもの。

COLUMN
▶ ノコ刃の保護

縦挽きガイドを使って材に切り込みを入れている時、勢いあまってノコギリが抜けてしまうことがあります。そうすると、ノコ刃がクランプにぶつかり、刃を傷めてしまいます。ゴムシートをクランプに巻きつけておくと、ノコ刃を保護することができます

Chapter2
「切る」・「削る」が簡単・正確
迅速にできるジグを製作する

材の平面を45°に切る「平留め切りガイド」

　額縁の各コーナーのように、縦の材と横の材を斜めに切ってつなぎ合わせることを「留め継ぎ」といいます。角を直角にするためには、つなぎ合わせる材の両端を45°に切りますが、この時に役立つのがこのガイドです。

　黄色い部分は滑り止めのために貼ったサンドペーパーで、反転しても使えるよう両面に貼ってあります。

ストッパーに材をひっかけ、マグネットシートにノコ刃をつけて挽けば、正確な45°に切ることができます。

まず材を約45°に切り、その面にマグネットシートを貼ります。そして留め定規をマグネットシート面にあてながら、留め切りガイドの両面にストッパー材になるアイススティックを接着すれば完成。

材の断面を45°に切る「大留め切りガイド」

　大留め加工は、材の幅全体を45°にカンナで仕上げるため、削り量が多い作業です。そこで、このガイドを使って大よそ45°にノコギリで荒切りしておくと便利です。ガイドに使う材の厚みを18mm以上にすれば、ノコ刃をあてがう断面積が広くなり安定します。裏面は、直角に切れるよう材に引っかけるストッパーを接着します。使い方は、材の上にストッパーを引っかけ、クランプして切るだけです。

加工したい材の上に、ストッパーを沿わせながら大留めガイドを乗せてクランプし、ノコ刃を断面につけて挽きます。

45°の断面にマグネットシートを貼り、裏面には材を引っかけるためのストッパーを付けます。

材を45°に削る「平留め削り台」

この削り台は、額縁作りなどでよく使われる、材を45°に削る「平留め加工」を行なうための道具です。カンナを横に倒し、材をフェンスにあてがって削るだけで、いとも簡単に、正確に材を45°の角度に削れます。1台自作しておくと、とても便利です。

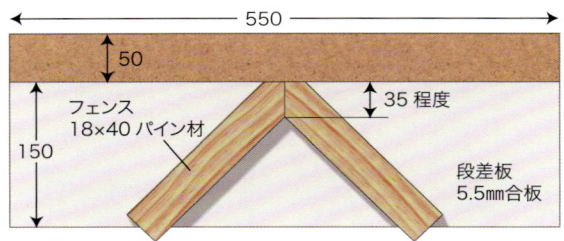

[使用材一覧]

ベース板×1（200×550×18）／MDF
段差板×1（150×550×5.5）／シナ合板
フェンス板×2（40×250×18）／パイン材
フック角材×2（10×200×10）／端材
※単位：㎜

留め継ぎの額縁。材の幅が広くなるほど45°の高い精度が求められます。

【平留め・大留めとは？】

材を45°に削る留め加工のうち、左図の額縁のような留め継ぎを「平留め」、右図の箱状の部材の留め継ぎを「大留め」と呼びます。その他の板の名称は「板や箱の各部の名称」57ページ参照。

▶ **削り台の特徴**

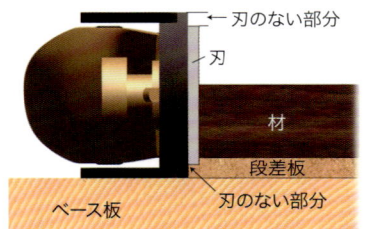

段差板の厚みは、カンナ底面の両側にある刃のない部分より厚い必要があり、こうすると材の厚み全体が削れます。（刃は誇張して描かれています）。

この削り台の特徴は、ベース板と、材をあてがう45°フェンス部分の間に、合板1枚分の段差板があることです。そうすることで、カンナでフェンスが削られてしまうことを防いでいます。

その理由は、カンナの刃口の両側に刃のない部分があり、そこがちょうど段差板にあたるため、それ以上削れないからです。したがって、構造上は刃のない部分より段差板の方を厚くしなければいけません。そうしないと材が削れなくなるからです。

数種類のカンナを持っている場合には、この削り台で使う専用のカンナを決めるといいでしょう。ここではブロックプレーンを使うことにしましたので、段差板は厚さ5.5㎜の合板にしました。

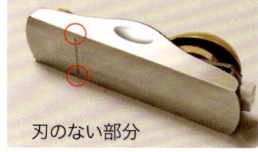

刃のない部分

Chapter 2
「切る」・「削る」が簡単・正確
迅速にできるジグを製作する

▶両手を使って削る

今回製作する平留め削り台で材を削る時は、利き手でないほうの手でもカンナがけをする必要があります。つまり、両手を使ってカンナがけを行なうわけですが、その理由は、高い加工精度を優先したことによります。ちょっとやりにくそうですが、意外と簡単にできます。

写真のような、フェンスが1つの削り台もあります。材を反転すれば、利き手だけで両側を留め加工できますが、加工精度がやや劣るため、やはりフェンス2つの削り台がおすすめです。

それではさっそく製作してみましょう。

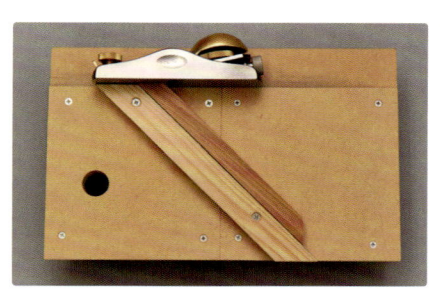

フェンスが1つだけの削り台。

▶削り台の製作手順

01 留め切りガイドを使って、2つのフェンス材を45°にカットします。

02 1つのフェンス材に瞬間接着剤を塗り、留め定規にあてがい段差板上に45°に接着します。

03 瞬間接着剤だけでは仮留めに近い状態ですので、裏側から木ネジでしっかり固定します。木ネジは4×16mmの皿ネジ（頭が平らで皿形状のネジ）を使用。あらかじめ下穴をあけてから木ネジで締めます。段差板のこの面に接着剤を塗ってベース板に接着するため、ネジ頭は必ず板の表面より少し沈めておきます。

04 段差板から飛び出しているフェンス材の三角部分を、ノコギリで切り落とします。

削る

05
切り落とした断面を、段差板と同じ面になるまでカンナで削っていきます。それ以上削れなくなったら、そこでストップ。こうして1つ目のフェンス材が、45°の角度で段差板に取り付けられました。ここでは、横に倒したカンナを前後に動かして削りますが、材に押し付けようとして、カンナが傾いてしまうことがよくあります。また、刃の出方がカンナの底面と平行でないと、材の削り面が斜めになります。その点にも注意しましょう。

06
続いて、曲尺を利用して、2つ目のフェンス材を取り付けます。1つ目のフェンス材に曲尺をしっかりとあてがい、90°になるように2つ目のフェンス材を瞬間接着剤で仮留めします。

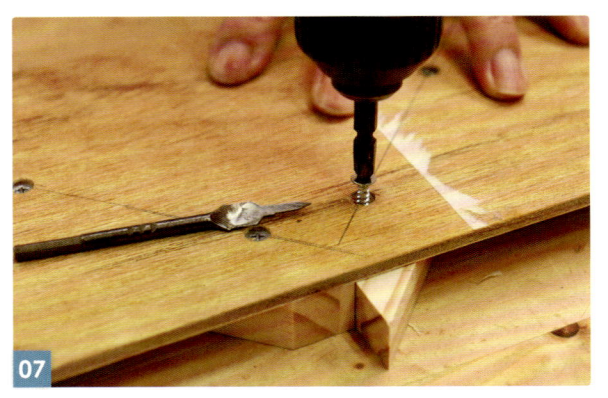

07
裏から木ネジで固定します。横に置かれているのが下穴用ビットです。これで下穴をあけると、皿ネジの頭が収まるすり鉢状の穴をあけることができます。電動工具に頼らないノコギリ木工ですが、正逆回転と変速機能付きのドライバードリルは音も小さく、下穴をあけたり、ネジを締めたり緩めたりするのに便利です。

08
1つ目のフェンスと同じように、段差板から飛び出している三角部分をノコギリで切り落としてから、段差板と同じ面になるまでカンナで削ります。

09
段差材の裏面に接着剤を塗り、ベース板に接着します。

Chapter2
「切る」・「削る」が簡単・正確
迅速にできるジグを製作する

10
なるべく多くのクランプを使って段差板とベース板をはさみ、しっかり固定します。

11
フェンス材に320番程度のサンドペーパーを両面テープで接着しておくと、あてがった材の滑り止めとして有効です。

12
最後に、この削り台を作業台に引っかけて使うためのフックになる角材を、ベース板の裏の両端に接着剤もしくは両面テープで固定します。

【平留め削り台の使い方】

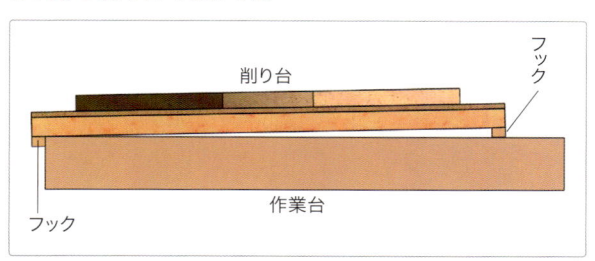

削り台の裏のフックを作業台に引っかけて使います。左手と右手で向きを変えて使う時のために、フックは両端に付いています。したがって、上図のように削り台は常に傾いた状態で使用することになりますが、使いづらさはありません。この削り台で、さまざまな額縁を作って腕を磨いてください。

39

削る

1台3役の「大留め削り台」

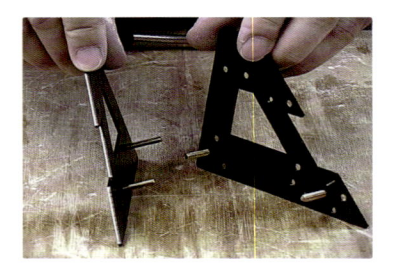

<1台3役とは？>

① 大留め削りができる

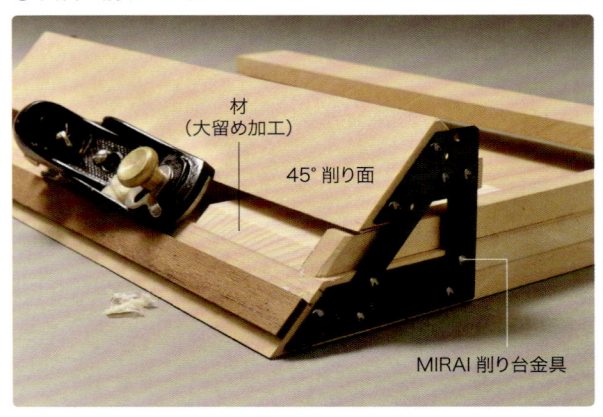

材（大留め加工）
45°削り面
MIRAI 削り台金具

② 直角削りができる

フェンス

③ 幅決め削りができる

可動フェンス
材
削り面

　ここでは、1台で3役こなせる大留め加工に便利な削り台を作ります。3役の1つ目は、写真①の大留め削り。45°傾いている削り面から材が顔を出し、45°に削ることができます。2つ目は、削り台の後部を利用した写真②の直角削り。3つ目は、削り台の後部を利用した写真③の材の幅決め削りです。この削り台では、「MIRAI 削り台金具」という製品（写真下）を使っています。

Chapter2
「切る」・「削る」が簡単・正確
迅速にできるジグを製作する

<材料の入手>

　大留め削り台は、「MIRAI削り台金具」という製品を使用して作っています。製品には、取扱説明書と取扱説明ビデオ（DVD）が同梱されていて、それを見れば作り方はよく分かるのでここでは簡単に説明します。

　分解図のように、MIRAI削り台金具は、削り台の両側にある黒い三角形の部品です。その他は自作部分で、15mm厚のMDFの板から切り出します。ホームセンターで、切り出し寸法図のようにカットしてもらいましょう。その際、図中に400mmと記載されている寸法は、使用者が決める寸法です。この長さは、分解図で2つの削り台金具の間の距離になります。この距離が長ければ、加工できる材も長くなります。特に、幅決め削り時の材の長さに影響を与えます（前ページの③「幅決め削りができる」を参照）。

　また、カットした部材の5枚には、大留め加工する必要があります。ホームセンターによっては、45°カットをしてくれるところもありますが、そうでない場合は、カンナで削ります。あまり正確に削れなくても、きちっとした削り台が完成できるように設計されているので安心です（DVDで分かりやすく説明されています）。

　こうしてできた部材を削り台金具に取り付けるわけですが、取り付け位置が正確でないと、削り台として役に立ちません。そのため、取り付け位置が簡単に決められるようにできています。取り付け図を見てください。赤線が、MDFから切り出した部材です。図の位置に、付属のM4ネジを取り付けることで、位置決めピンの役目を果たしてくれます。そこにMDF部材をあてがい、木ネジ穴から下穴をあけ、木ネジで固定するだけです。

　製作上の注意点は、MDFが割れやすいので、必ず下穴をあけ、慎重に木ネジを締めることです。

　MIRAI削り台金具の価格：¥3,990（税込み・送料別）。問い合わせ先：(株)インターナショナル・ミライ・コーポレーションなど（道具・木材入手先一覧191ページ参照）。

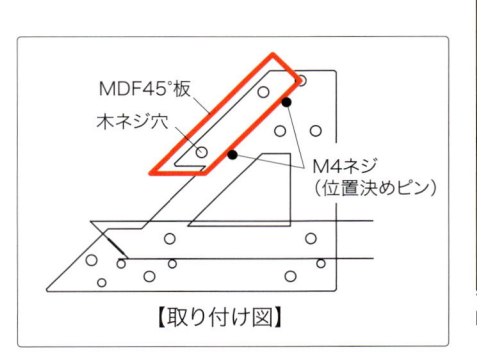

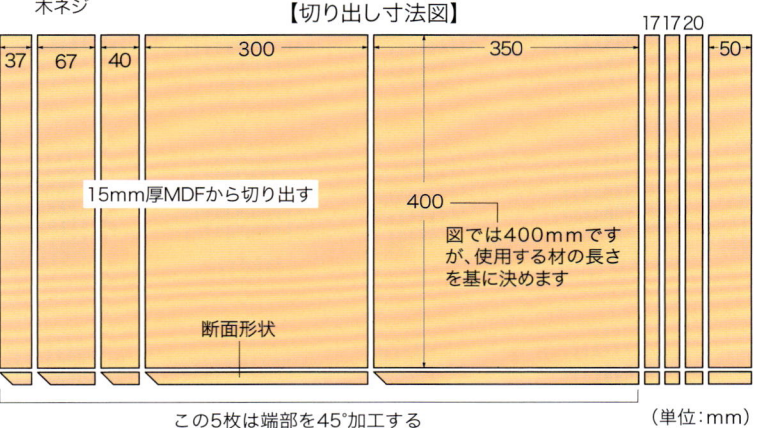

【分解図】
削り台金具
取付け用木ネジ
削り台金具

【取り付け図】
MDF45°板
木ネジ穴
M4ネジ（位置決めピン）

【切り出し寸法図】
37　67　40　300　350　17　17　20　50
15mm厚MDFから切り出す
400
図では400mmですが、使用する材の長さを基に決めます
断面形状
この5枚は端部を45°加工する
（単位：mm）

＜大留め削り台の使い方＞

［使い方1］　大留め削り

大留め削り台を使って、大留め加工（45°に削る）をしてみましょう。板の幅全体を留め加工するので、カンナで削っていくだけでは大変。そこで、35ページの大留めガイドを使い、ノコギリで大まかに45°に切り落としてからカンナがけすれば、少ない労力で済みます。

［使い方2］　直角削り

削り台の後部を利用し、カンナを横にして削ります。ノコギリで荒切りした材も、これで直角に仕上がりますし、断面も直角になります。削り面はとても滑らかです。

［使い方3］　幅決め削り

削り台の後部に可動フェンスを作り、削り面と平行にセットして削れば、複数の材を希望の幅に仕上げることができます。また、可動フェンスに傾斜をつけて（テーパー）セットすれば、材もテーパーになります。

ストッパー付きの物差しを使うと、可動フェンスを平行にセットしやすくなります。

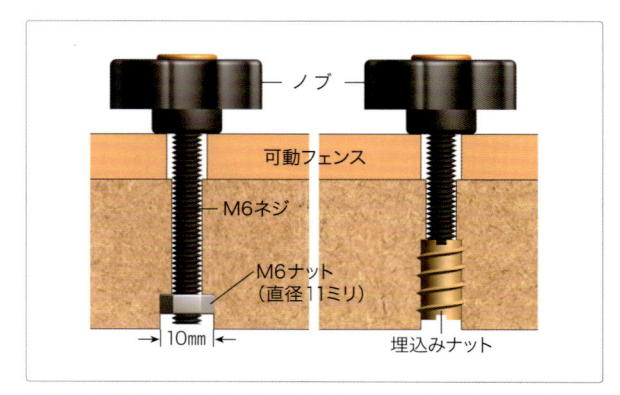

上図は、可動フェンスをM6ネジで固定する2つの方法を示したものです。左は通常のM6ナットを使う方法、右は埋込みナットを使う方法です。M6ナットを使う場合、M6ナットの直径は11mmなので、10mmの穴に押し込むことでナットの回転防止になります。押し込む時はナットにネジを通し、金ヅチで打ち込むと簡単。製作の手順は、ドリルスタンドや卓上ボール盤などで直径10mmの穴を垂直にあけ、それからM6ネジが通る6.2mmの穴を貫通させます。

Chapter2
「切る」・「削る」が簡単・正確
迅速にできるジグを製作する

材を平らに削る「ベンチフック」

最も簡単な構造の削り台、ベンチフックも1台あると便利です。目的は材を平らに削るためのものですが、額縁や箱の目違い払いなどにも使えます。

作り方のポイントは、薄い材をカンナがけできるように、フェンスはなるべく薄くすること。ここでは5.5㎜厚のシナ合板を使い、両面テープ（はがせるタイプ）で固定しました。ベース板は、15㎜か18㎜のMDFが適しています。

裏面の端には、ベンチフックを作業台に引っかけて使うためのフックを木ネジで取り付けます。

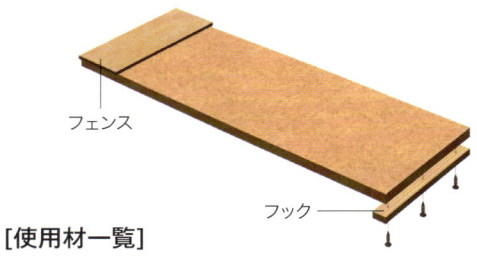

[使用材一覧]

ベース板×1（200×550×15または18）／MDF
フェンス板×1（80×210×5.5）／シナ合板
フック×1：適当な材
※単位：㎜

COLUMN

▶ 小さなベンチフック

ごく小さな材をカンナがけするなら、カンナも小さくていいはずです。写真は長さ250㎜程度のシンプルなベンチフックです。けっこう出番があります。

使い方のバリエーション

作業者の右横にベンチフックを置いて、カンナがけしています。

フェンスを追加することで、斜めにカンナがけしても材がずれません。

フェンスの位置を手前にずらして、作業者の正面にベンチフックを置くと、削る作業がしやすくなります。この場合、腕を伸ばすのには限界があるため、あまり長い材を削ることはできません。

削る

1台2役の「幅決め削り台」+「ベンチフック」

この削り台は、材の幅を決める幅決め削り台と、材を平らにするベンチフックの2つの機能をもたせたものです。反転して使うようになっています。写真上は、幅決め加工時の削り台。可動フェンスを動かして材の幅を決め、フェンスとストッパーに材をあてがって作業します。このストッパーは、反転した時に作業台に引っかけるフックになります。

可動フェンスを外して反転すると、材を平らにカンナがけするベンチフックになります。材を止めるフェンスは5mm程度の合板を両面テープで固定してあります。このフェンスは、反転した時に作業台に引っかけるフックになります。

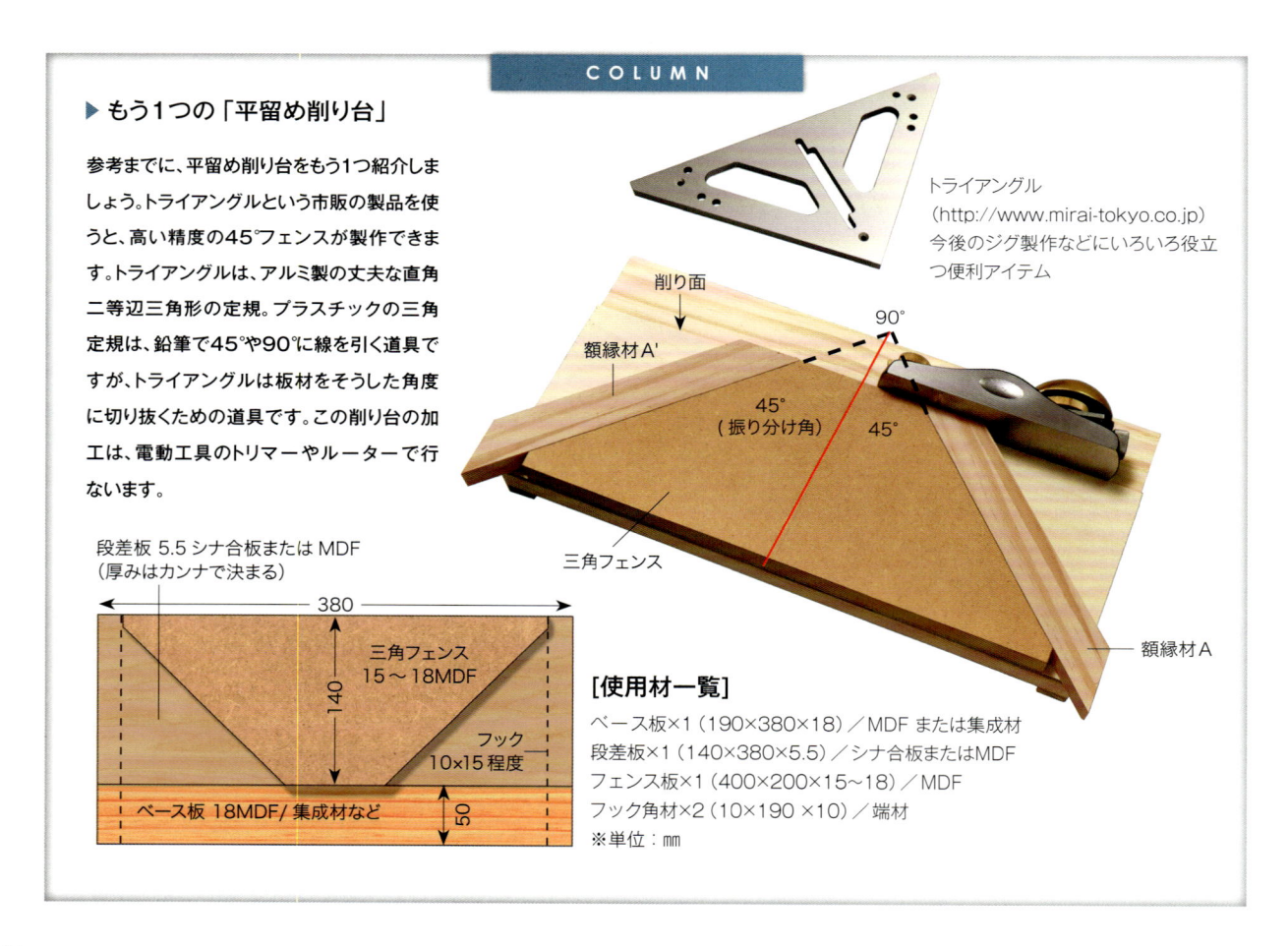

COLUMN

▶ もう1つの「平留め削り台」

参考までに、平留め削り台をもう1つ紹介しましょう。トライアングルという市販の製品を使うと、高い精度の45°フェンスが製作できます。トライアングルは、アルミ製の丈夫な直角二等辺三角形の定規。プラスチックの三角定規は、鉛筆で45°や90°に線を引く道具ですが、トライアングルは板材をそうした角度に切り抜くための道具です。この削り台の加工は、電動工具のトリマーやルーターで行ないます。

トライアングル
（http://www.mirai-tokyo.co.jp）
今後のジグ製作などにいろいろ役立つ便利アイテム

削り面
額縁材A'
90°
45°（振り分け角）
45°
三角フェンス
額縁材A

段差板 5.5 シナ合板またはMDF
（厚みはカンナで決まる）

380
三角フェンス 15〜18MDF
140
フック 10×15程度
ベース板 18MDF/集成材など
50

[使用材一覧]

ベース板×1（190×380×18）／MDF または集成材
段差板×1（140×380×5.5）／シナ合板またはMDF
フェンス板×1（400×200×15〜18）／MDF
フック角材×2（10×190×10）／端材
※単位：mm

Chapter 3
材と材をつなぎ合わせる「継ぎ手」の基本を身につける

　クギやネジを使わずに、特殊な加工を施して材と材をつなぎ合わせる技術を「継ぎ手」といいます。自作したジグを使えば、寸分のすき間もない美しい継ぎ手が簡単にでき、初めてチャレンジした人でも驚くほどの、プロ顔負けの作品に仕上がります。実際に額縁や写真立て、箱を作りながら、その基本の技術を身につけましょう。

- 46 　「平留め継ぎ」の写真立てを作る
- 52 　「大留め継ぎ」の箱を作る
- 56 　「包み継ぎ」の箱を作る
- 61 　「相欠き継ぎ」の額縁を作る
- 68 　箱や棚作りによく使われている「追い入れ継ぎ」
- 70 　接合部の補強と装飾を兼ねた「ちぎり」
- 72 　より強固に接合する「矩形三枚組み継ぎ」

- 124 　「アリ継ぎ」（⇒「引き出し付き飾り台」）
- 130 　「アリ継ぎ」（⇒「洋タンス風小物入れ」）
- 149 　「あられ組み」（⇒「車輪付きおもちゃ箱」）
- 156 　「ホゾ継ぎ」（⇒「ロッキングホース」）

「平留め継ぎ」の写真立てを作る

45°にカットした縦かまちと横かまちを接合する「平留め継ぎ」の写真立てを作りましょう。平留め削り台で留め加工します（36ページ「平留め削り台の作り方」を参照）。

この写真立ては、棚などに置けるよう、背面に丸棒が差してあります。また、平留め継ぎした部分は、装飾も兼ねて三角形のちぎりを差し込んで補強しました。縦横かまちの裏面の内周（内側の縁）に、幅10mm、深さ4mmの溝を彫り、そこに透明塩ビ板とそれを押さえる板をはめ込む構造になっています。

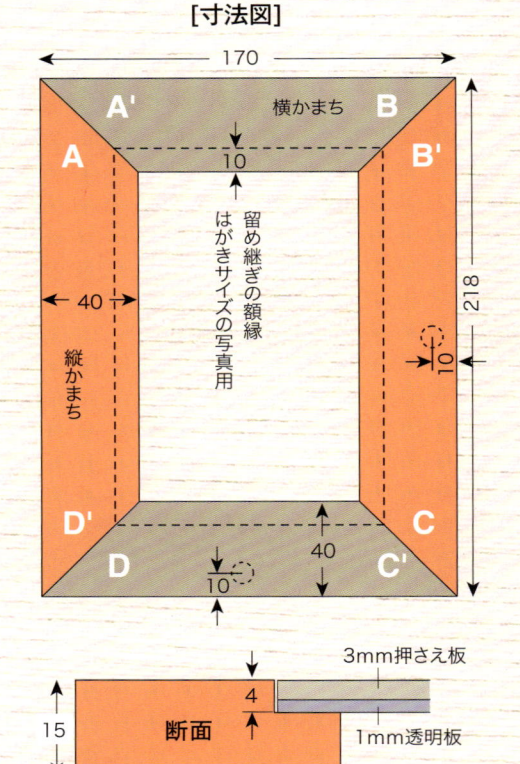

背面に丸棒を差し込んで、立てかけて使えるようにしました。

[寸法図]

[使用材一覧]

縦かまち×2（40×218×14）／ラワン
横かまち×2（40×170×14）／エゾ松
ちぎり材×1（厚さ約3mm）／パドゥーク
押さえ板×1（110×158×3）／シナ合板
丸棒（直径5×50）
透明板×1（110×158×1）／塩ビ
※単位：mm

Chapter3
材と材をつなぎ合わせる
「継ぎ手」の基本を身につける

《 作り方 》

▶ 材の切り出し～材の幅を揃える

削り台で材の幅を揃え、寸法図のようにカットします。部材には、AとA'からDとD'まで記入します。ダッシュがついている材の留め加工は左手で行ないます。

01

▶ 材の両端を45°にカット

02

材の上に留め切りガイドを置いてクランプし、45°に切ります。材の両端は、後でカンナで削って仕上げるので、ここでは荒切りでかまいません。

▶ 材の両端をカンナがけ

1つの材を、両手を使ってカンナがけします。記号A～Dの留め加工は右手で、記号A'～D'は左手で行ないます。

03

▶ 長さを揃える

長さを揃えるため、2つのかまち材同士をピッタリと合わせ、指先で段差を感じ取りながら修正します。

04

▶ 仮組みする

最後に仮組みし、合わせ目に隙間がないことを確認します。

05

段欠き加工

縦横かまちの裏面の内側の縁に、透明板と押さえ板を落とし込むための段欠きを作る作業を行ないます。落とし込む深さは4mm、幅は10mmとしました。ここで、簡単なノコギリガイドを新たに2つ製作します。このガイドは、今後さまざまな作品作りに使えます。

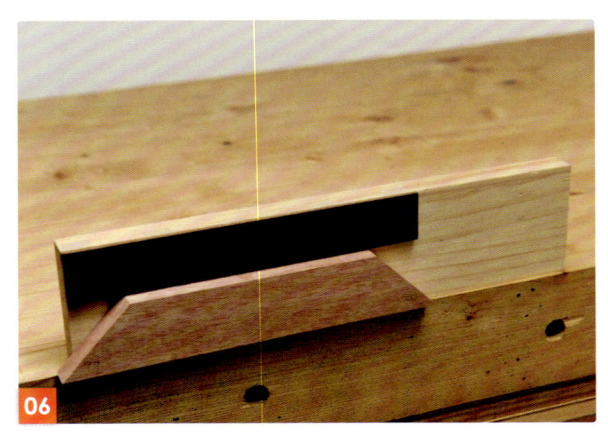

06
1つは、ベースとなる端材に長めのスペーサーを貼っただけのガイド。スペーサーの厚みは4mmとし、これが段欠きの深さになります。ベース板は両面テープで作業台に固定します。

07
かまち材をベース板に両面テープで固定し、ノコギリで切り込みます。深さが10mmになるように、ストッパーのアイススティックをノコ刃に貼り、縦横4つのかまち材全てに切り込みを入れます。

08
アルミのL字アングル材のサイズは、30×30×300×肉厚3mm。かまち材には両面テープで固定

もう1つは、アルミのL字アングル材にマグネットシートを貼ったノコギリガイド。これで、段欠きの不要部分を切り落とします。10mm幅の角棒を利用して、かまち材の内側の縁から10mmのところに、両面テープでガイドを固定します。

▶ ストッパーをノコ刃に貼る

09
切り込みの深さが4mmになるように、ストッパーのアイススティックをノコ刃に貼ります。ノコギリをL字アングル材のマグネットシートにあてがい、不要部分を切り落として段欠きを作ります。

▶ 段欠き部分の深さの調節

10
透明塩ビ板と押さえ板を重ねて段欠き部分（溝）にあてがい、段欠きしていない部分と同じ高さになっているかを確認します。

Chapter3
材と材をつなぎ合わせる
「継ぎ手」の基本を身につける

ちぎりを使って補強

留め継ぎした部分は木口（年輪が見える材の断面）同士なので、接着剤を吸い込みやすいなどの理由から強度が期待できません。

そこで、何らかの補強が必要になります。補強は、写真のような三角板をかまち材の裏に接着するだけでもかまいませんが、木工技術に磨きをかける意味で、ここでは三角形のちぎりを埋め込む技術に挑戦してみましょう。そのコツをご紹介します（詳細は「ちぎり」70ページを参照）。

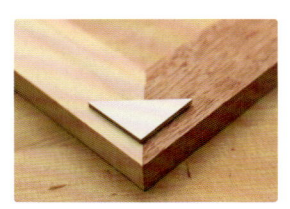

11 段欠き部分が浅い場合には、削って修正します。これには、ショルダープレーンを使うのがベスト。カンナの刃の幅と本体の幅が同じなので、入隅（いりすみ＝段欠き部分の内側の隅。反対は出隅）にまでしっかり刃が届くからです。

▶ **仮組みする**

12 縦横のかまち材を再度仮組みし、段欠きした部分の深さが全て揃っているかどうかを確認します。

▶ **接着する**

13 木工ボンドを塗って、縦横のかまち材を接着します。各コーナーの接合部にズレがないように確認しながら、ベルトクランプで全体を締め付けます。写真では、MDFの端材の平面性を利用し、そこに縦かまちをクランプすることで、全体にゆがみが生じないように工夫しています。

▶ **ちぎりの切り出し**

14 三角形のちぎりの切り出しには、ノコギリガイドを作っておくと便利。左右両方の45°の切り込みは、左側だけでもOK。三角形を1つ切り出したら、材を反転しながら切り出しを繰り返せば、次々に作れます。

▶ **底部の成形**

15 ノミで三角溝の底部を成形します。その時、直線かほんのわずかV字状にすると、三角形のちぎりを差し込んで外から見た時に隙間ができません。

▶ **カンナがけで仕上げ**

カンナがけでは、左右に傾かないように、カンナの中心を常に材の中心に合わせること。左手の人差し指を材にあてがうようにすると蛇行しません。ちぎりを内側から外側に向けてカンナがけすると材が欠けやすいので、コーナー部分は外側から内側に向かって行ないます。したがって、ちぎりの手前では、矢印のようにカンナを少し持ち上げるようにして終わります。

▶ **穴あけ**

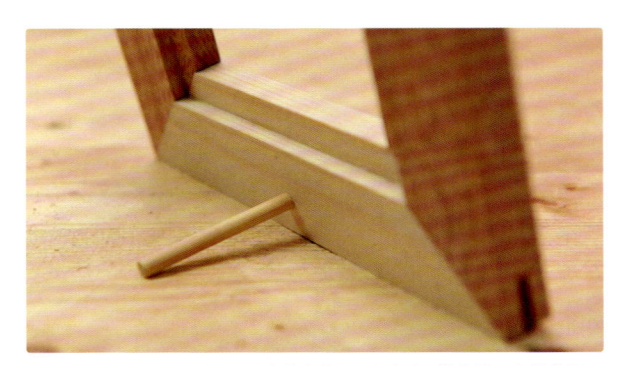

写真立てを立てておくための丸棒を差し込む穴を、縦位置でも横位置でも使えるように、縦横かまちに1つずつあけます。穴は丸棒の直径よりも0.1mm小さくします（ここでは、金工用ドリルビットを使っています。このビットの直径は、0.1mm刻みで販売されています）。まずは、穴をあける位置に、金ヅチでポンチを1回打ち込んでくぼみをつけます（写真**17**）。ドリルのビット（刃先）が回転中にずれないようにするためです。穴の深さは10mm程度。この時、アクリルミラーに穴をあけた簡単な道具を自作しておくと便利です。実際のビットとミラーに映ったビットが一直線になるように回転させれば、ほぼ垂直に穴があきます（写真**18**）。また、ビットには、あける穴の深さにミラーの厚みを加えた高さにマスキングテープを貼っておきます。それを目安にすると、深くあけすぎてしまうことはなくなります。

▶ **額縁用金具を取り付けて完成**

キリで穴をあけてから、市販の額縁用金具をネジで取り付ければ完成です。

　今回の製作で、平留めのカンナがけやちぎり加工など多くの技術が身についたのではないでしょうか。また、平留め削り台というジグが果たした役割もとても大きかったはずです。製作過程を振り返り、反省点は次に役立てるとして、完成した喜びと充実感をしばし味わってください。

Chapter3
材と材をつなぎ合わせる
「継ぎ手」の基本を身につける

《参考》
額縁の発展形 3Dシャドーボックス

奥行きのある額縁に絵や物を飾り、ジオラマ的世界を表現するのが3Dシャドーボックス。
額縁と箱とを組み合わせれば、さらに立体感が増します。
例えば、昆虫写真をプリントして切り抜いたものをピンでコルク地に刺せば、まるで昆虫標本のよう。
ブロックプレーンがカブト虫に似ていたので、その写真も標本化してしまいました。

「大留め継ぎ」の箱を作る

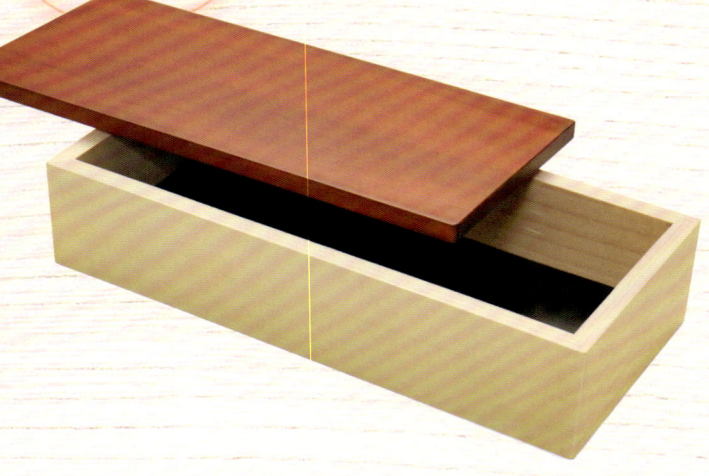

[箱の構造]

　長手板2枚と妻手板2枚は本格的な大留め継ぎで、材の木口が隠れるために外観はすっきり。この2枚の板は、幅120mmの材を縦に二分割したものなので、箱の高さは約半分の58mmになります。

　蓋は、幅120mmの材をそのまま使います。蓋がズレないように、通常は裏の周囲を段欠きして薄くしますが、ここでは段差材を接着して段欠きと同じ状態にします。底板は2.7mmのシナ合板またはMDFを使い、底板受けの上に置く構造です。蓋の段差材と底板受けは、いずれも細い角棒を使用。接着剤は、木工ボンドだけでなく瞬間接着剤もあると便利です。

　ここでは、妻手板と長手板を「大留め継ぎ」と呼ばれる継ぎ手で接合する箱を作ります。電動工具を使いませんので、全工程で静かな木工作業になります。3つの機能が1台に集約された大留め削り台を使えば、決してむずかしくありません。

大留め継ぎの箱作りに役立つ大留め削り台（作り方と使い方は40ページを参照）。

[使用材一覧]

長手板×2、妻手板×2、蓋×1
（120×910×10のエゾ松材から切り出す）
底板×1（2.7）／シナ合板またはMDF
段差材、底板受け
（10×910×3の平角棒2本から切り出す）
※単位：mm

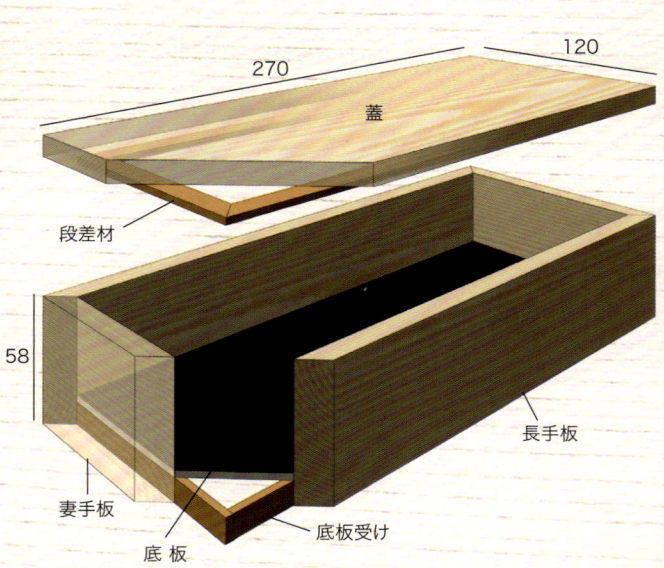

Chapter3
材と材をつなぎ合わせる
「継ぎ手」の基本を身につける

《 作り方 》

▶ 材を切り出す

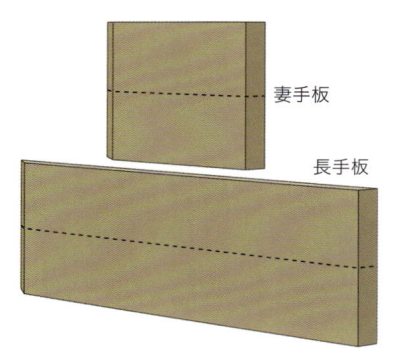

01

最初は、幅120×長さ910×厚さ10mmの板から、長さ270mmの長手板用1枚と、長さ120mmの妻手板用1枚を切り出します。ホームセンターで材を購入するときに、カットサービスを利用してあらかじめ切ってもらうのもよいでしょう。ここで重要なのは、長手板も妻手板も、それぞれの板の両端を先に大留め加工してから、二分割する（図の点線部分を切る）こと。先に二分割してから大留め加工をするより手間が省け、精度も上がります。

妻手板
長手板

大留め加工する

▶ 45°に荒切りする

02

大留め加工で、材の幅全体の断面をカンナで削るために削り量が多くなります。そこで、あらかじめ大留め切りガイドで45°に荒切りしたほうが効率的です（35ページ参照）。

▶ 正確に45°にする

03

大留め削り台を使い、荒切りした断面をカンナで削って、正確に45°にします。

▶ 縦に二分割する

04

長手板、妻手板の両端を大留め加工したら、ノコギリで縦に二分割して、長手板2枚、妻手板2枚、計4枚にします。

▶ 材の幅を揃える

05

4枚になった板の幅を揃えます。これを、大留め削り台の後部を使って行ないます。可動フェンスを削り面に平行にセットしてカンナがけします。写真では、削り面と平行にセットされた可動フェンスが、2つのノブで固定されているのが分かります。

▶ **仮組み～接着する**

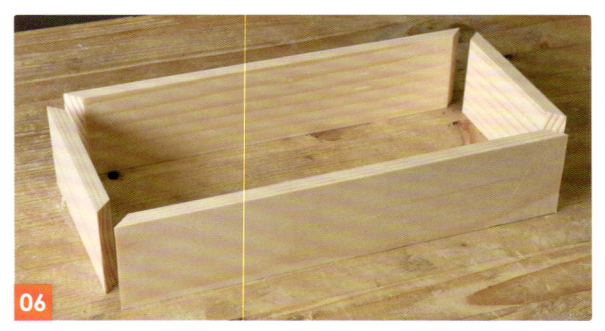

06

4枚の板を接着する前に、必ず仮組みを行なって接合部などをチェックします。問題がなければ、図のように4枚の板を作業台の上に順に並べ、粘着テープで蝶番のようにつなげます。接合部分に接着剤を塗ってから、のり巻きのように巻いていきます。

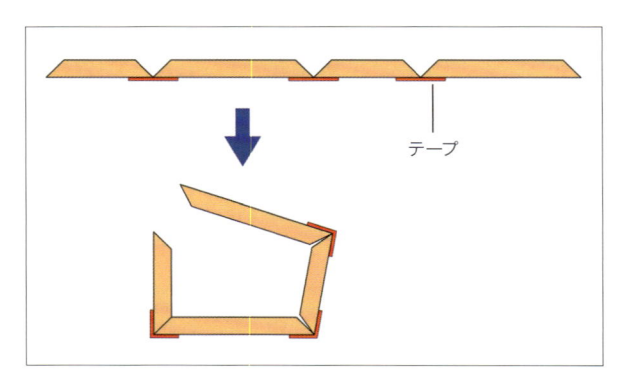

テープ

のり巻きのように巻くと、その後のクランプ作業が楽になります。

▶ **ベルトクランプで締めつける**

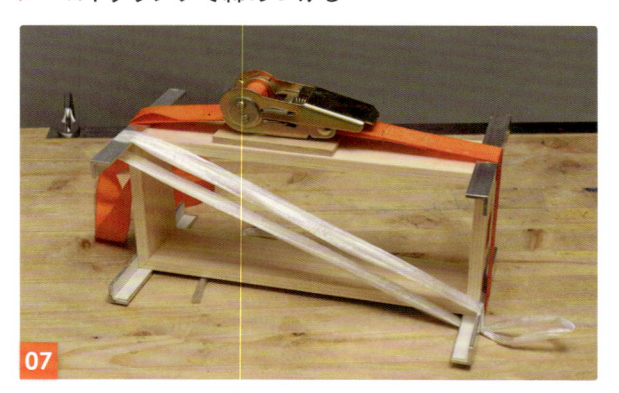

07

ラチェット式ベルトクランプで4枚の板全体を締めつけます。各コーナーはアルミアングル材で保護し、ベルトクランプでつぶれるのを防いでいます。コーナーにスコヤをあてて直角かどうかを調べ、修正が必要な場合には、ひもを対角線に締めて調整します。

▶ **粘着テープを剥がす**

08

接着剤が固まったらベルトクランプを外し、粘着テープを剥がします。各コーナーの留め継ぎ部の目違い（段差）をカンナで払って、次の作業に備えます。

▶ **蓋の製作**

09

蓋にする材の上に箱本体を置いて、鉛筆で内のり線をL字型（縦横の二辺のみ）に引きます。この線に沿って、幅10×厚さ3mmの段差材を貼るためです。四辺全て内のり線を引く必要はありません。

　段差材はまず、瞬間接着剤を使って、蓋に引いた内のり線に合わせてL字型（二辺のみ）に貼ります。そこに箱本体をかぶせ、L字の段差材に隙間なく押しあてます。その状態まま、残り2本の段差材を箱本体に押しあてるようにして接着します。そうすれば、蓋は箱本体にぴったりとかぶせることができます。

Chapter 3
材と材をつなぎ合わせる
「継ぎ手」の基本を身につける

▶ 底板を接着

▶ 塗装～完成

10
蓋板に貼る段差材の両端は、平留め削り台でそれぞれ45°に削り、4つのコーナーを平留め継ぎ（45°）にすると見栄えがよくなります。

▶ 底板受けを接着

11
箱本体に底板受けを接着します。底板受けはふだん隠れて見えないので、4つのコーナーは留め継ぎではなく、簡単な突き付けでかまいません。

写真は、蓋に段差材、箱本体に底板受けを接着したところです。

12
厚さ2.7mmのシナ合板またはMDFの底板を底板受けの上に乗せ、瞬間接着剤で接着すれば完成。全工程、静かで落ち着いた流れの中で作業ができました。大留め継ぎの加工ができるようになったことは、何と言っても大きな収穫です。

13
最初に、白の水性着色剤を塗ります。蓋が赤系なので、コントラストをつけるためです。白を塗っても木目は残ります。その後、サンディングシーラーを塗ってから、つや消しウレタンニスを吹き付けます。これが仕上げです。バックに段ボールの屏風を立て、自作の回転式テーブルの上に置いて回しながら吹き付けると作業がしやすいでしょう。この時、マスクとゴム手袋は必需品。室内で作業する場合には、換気も忘れずに。

「包み継ぎ」の箱を作る

縦挽きガイドを使って、箱や引き出しによく使われる「包み継ぎ」を加工します。接合する2枚の板のうち、片方だけを加工すれば済むので簡単にできます。

アサリなしのノコ刃に切り込み深さを設定し、縦挽きガイドにセットした材を切り込みます（写真01）。切り込み深さは、相手板（接合するもう1枚の板）の厚みと同じです。次に、切り込んだ部分を、今度は直角ガイドを使って切り落とせば作業完了です（写真02）。

例えば、左の写真のように、「包み継ぎ」で棚を作って大小の皿を置き分けると、取り出しやすさが格段によくなります。天板には何も手を加えず、左右の側板2枚のみを段欠き（段差ができるように欠き削る）加工をしています。

[包み継ぎの手順]

01 アサリなしのノコ刃にアイススティックを貼り付けて、縦挽きガイドにセットした材を切り込みます。

02 切り込んだ部分を、直角ガイドを使って切り落とします。

Chapter 3
材と材をつなぎ合わせる「継ぎ手」の基本を身につける

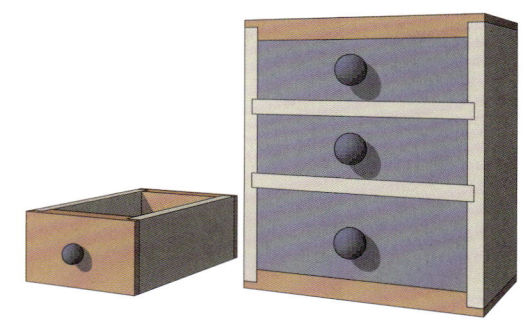

包み継ぎの引き出し

[寸法図]

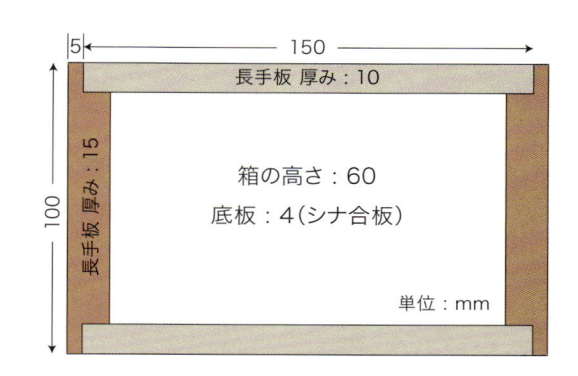

- 長手板 厚み：10
- 妻手板 厚み：15
- 箱の高さ：60
- 底板：4（シナ合板）
- 150
- 5
- 100
- 単位：mm

[板や箱の各部の名称]

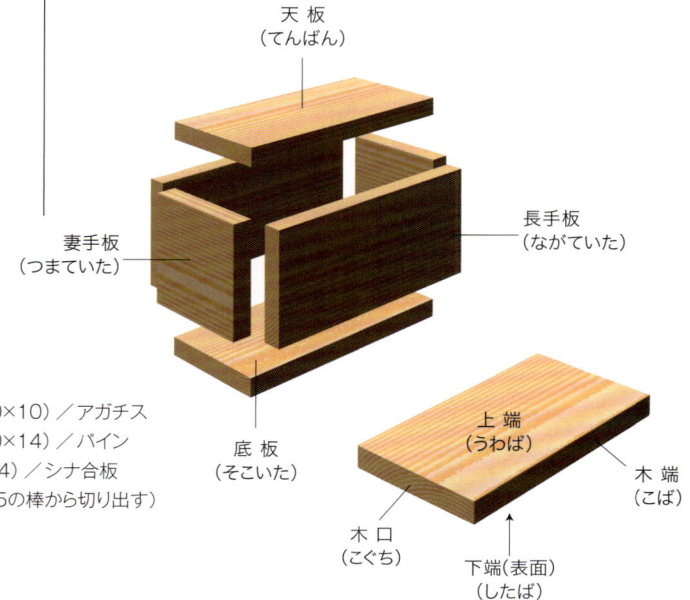

- 天板（てんばん）
- 妻手板（つまていた）
- 長手板（ながていた）
- 底板（そこいた）
- 上端（うわば）
- 木端（こば）
- 木口（こぐち）
- 下端（表面）（したば）

包み継ぎは簡単にできる継ぎ手です。木工の基本である箱作りを包み継ぎで製作しましょう。妻手板（短い方の板）、長手板（長い方の板）、底板からできています。今回、蓋は作りません。

包み継ぎの箱が製作できるようになると、ひと回り大きい、もう一つの箱を作り蓋として使えば、上からかぶせる文箱になります。また、包み継ぎ構造は、ツマミを付ければそのまま引き出しにもなり、右上図のような小物入れへと発展していきます。

それでは実際に製作してみましょう。箱のサイズは図面寸法にこだわる必要はありません。まずは作り方の手順を学んでください。

[使用材一覧]

- 長手板×2（60×150×10）／アガチス
- 妻手板×2（60×100×14）／パイン
- 底板×1（80×132×4）／シナ合板
- 底板受け（3×900×5の棒から切り出す）

※単位：mm

《 作り方 》

妻手板の加工 ①

▶ 切り込みを入れる

　妻手板の加工は、まずは、1図のように妻手板を立てて、前面から5mmのところに深さ10mmの切り込みを入れます。この作業には、縦挽きガイドを使います。続いて2図のように、直角ガイドで不要部分を切り落とします。

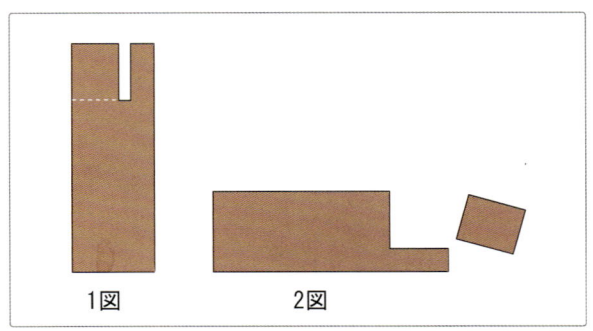

1図　2図

妻手板は、長手板より少し厚いほうが見た目もよく、接着面積も広くなるので丈夫です。

▶ ノコ刃にストッパーを貼る

01 切り込みの深さが10mmになるように、ノコ刃にアイススティックのストッパーを貼ります。自作した切り込み深さ設定ボードのフェンスに沿ってノコ刃を置き、そこに幅10mmの棒を乗せ、その棒にあてがうようにしてアイススティックを貼れば、10mmの深さが簡単に設定できます。

▶ 深さ10mmの切り込みを入れる

02 縦挽きガイドに材をクランプして、深さ10mmの切り込みを入れます。使用したのは、5mm厚のスペーサー。これによって、板の前面から5mm離れたところに切り込みが入ります。

▶ ×印をつける

03 切り込んだら、切り落とす部分に×印をつけておきましょう。

Chapter 3
材と材をつなぎ合わせる
「継ぎ手」の基本を身につける

妻手板の加工 ②

▶ 切り込み位置を決める

04

前ページの2図で示したように、板を横にして不要部分を切り落としとします。写真のように、妻手板と接合する長手板をあてがって（現物合わせをして）直角ガイドからのくり出し量を決めます。

▶ 不要部分を切り落とす

05

段欠きとなる不要部分を切り落とします。

▶ 仮組みする

06

仮組みして、全体の噛み合わせをチェックしてから接着に移ります。

▶ 接着する

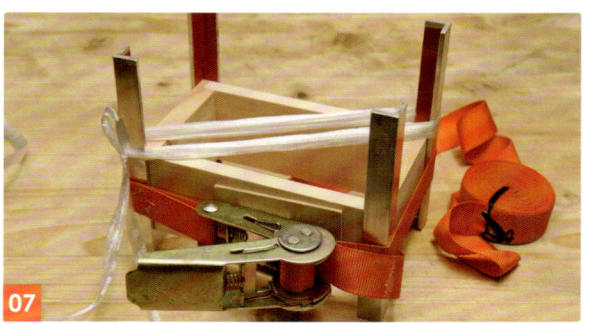

07

接着剤を塗って、4つのコーナーをしっかり接着します。ベルトクランプを巻いて締め付けますが、大きな力がかかるためにコーナーにアルミのアングル材をあてがい板を保護しています。スコヤをあてて四隅が直角かどうかを確認します。角度の修正は、対角線上にひもをかけて行なうと簡単です。

▶ カンナとサンドペーパーで仕上げる

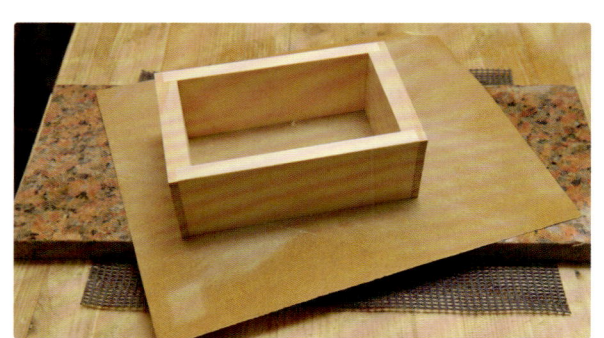

08

平らな石盤（定盤）の上にサンドペーパーを敷いて削れば、上面も底面も平らに仕上がります。この石盤は、砥石を平らにする時のものです。箱の周囲はカンナがけします。妻手板の木口をブロックプレーン、全体をNo.4ベンチプレーンで滑らかに仕上げれば完璧。いずれも、底板を取り付ける前の時点で行なえば作業が楽です。

▶ 底板を取り付ける

最後に底板を受けるための細い棒を、箱の内側の4面に接着します。

09

10 その段差の上に底板を落とし込んで接着すれば、包み継ぎの箱が完成します。

11 包み継ぎでは、接合部に楊枝、竹串、丸棒などを刺して補強すると丈夫になります。写真は引き出しの補強に楊枝を使っています。

どちらも包み継ぎの箱です。材の種類を変え、コントラストを強調したデザインになっています。補強と装飾を兼ねて、接合部に丸棒を差し込みました。

Chapter3
材と材をつなぎ合わせる
「継ぎ手」の基本を身につける

「相欠(あいが)き継ぎ」の額縁を作る

　「相欠き継ぎ」は、互いの材の厚みを半分程度欠き落として接合する継ぎ手です。接着面積も広く丈夫な上、製作も簡単なので、額縁やキャビネットの扉などに利用できます。扉として使うには、内側の周囲にパネルを差し込む溝を加工します。

　製作にあたっては、ノコギリの替え刃をスペーサーとして使用します。これを、ノコ刃スペーサーと呼びます。

切り込みを入れます。

02

[相欠き継ぎの手順]

材を縦挽きガイドにクランプします。ここで使用しているマグネットシートを貼ったスペーサーの厚みは、材の厚みの半分程度です。材は約18mmなので、スペーサーは8mmを使用しています。

01

木口に×印をつけます。この部分を切り落とすという意味です。

03

61

04 直角ガイドで×印の不要部分を切り落とします。これで、片方の相欠きが完成しました。

05 今度はノコ刃スペーサーをはさみ、材を縦挽きガイドにクランプします。

06 切り込みを入れます。

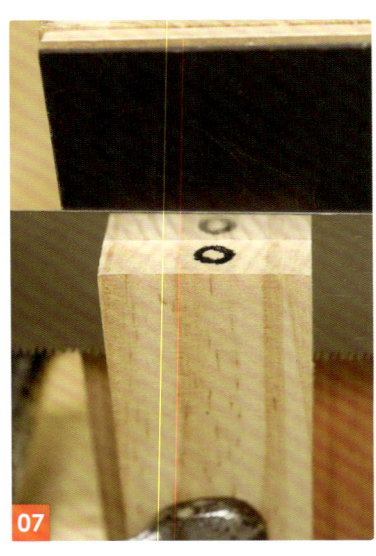

07 木口に〇印をつけます。この部分を残すという意味です。

08 直角ガイドで不要部分を切り落とします。これで片方の相欠きが完成しました。

09 相欠き継ぎの完成です。実作業では、接着後カンナで目違いを払って仕上げます。

Chapter 3
材と材をつなぎ合わせる
「継ぎ手」の基本を身につける

相欠き継ぎ図解

　製作過程で、ノコ刃スペーサーを使ったり使わなかったりする場面があります。その理由を、図で説明しましょう。図では2本の材を1つ1つ解説していますが、実作業では2材を一緒に縦挽きガイドにクランプして切り込みを入れることも可能です。その際は、片方の材へ忘れずにノコ刃スペーサーをはさんでください。

① 相欠き加工です。スペーサー面の延長線が仮想の墨線となります（点線）。

② ノコギリで切り込みを入れます。

③ 切り込みが入りました。

④ 横に切り込みを入れ、不要部分を切り落とします。

⑤ 片方の相欠きが完成しました。

⑥ もう片方の相欠き加工です。不要部分が逆になります。スペーサー面の延長線が仮想の墨線となります（点線）。

⑦ そのまま切り込みを入れると、不要部分ではなく、必要部分に切り込みが入ってしまい、失敗します。

⑧ 材と縦挽きガイドの間にノコ刃を挟むと、材はその分、右にずれます。それから切り込みます。これが正解です。

⑨ 切り込みが入りました。

⑩ 不要部分を切り取り、相欠きの完成です。

《 作り方 》

「相欠き継ぎ」という継ぎ手の額縁を作りましょう。この継ぎ手は、互いの材の厚みを半分ほど欠き落として組む方法です。透明の塩ビ板をはめ込めば額縁に、パネル板をはめ込めば家具の扉にもなります。接合部の接着面積も広く、製作も簡単ですので、いろいろな作品作りに応用してみてください。

縦材と横材の材質を変えると、おしゃれな仕上がりになります。

[寸法図]

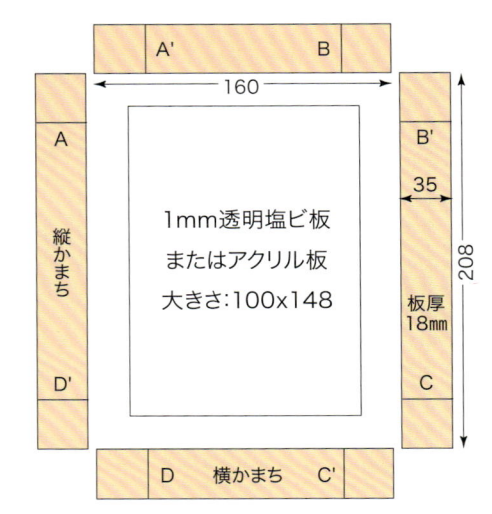

- A' / B
- 160
- A / 縦かまち / D'
- 1mm透明塩ビ板またはアクリル板 大きさ:100×148
- B' / 35 / 208 / 板厚18mm / C
- D 横かまち C'

[使用材一覧]
縦かまち×2 (35×208×18) ／ウエスタンレッドシダー
横かまち×2 (35×160×18) ／パイン材
透明板×1 (100×148×1) ／塩ビ
単位：mm

Chapter3
材と材をつなぎ合わせる
「継ぎ手」の基本を身につける

▶ 材料の切り出し

01

製作するのは、葉書サイズの写真を収める額縁です。部材は、幅35mm×厚さ18mmの角棒から、長さ208mmと160mmを2本ずつ切り出します。厚さ1mmの透明塩ビ板は、葉書と同じ100×148mmにカットしておきます。直角ガイドを使って必要な長さの部材を切り出します。直角ガイドにはマグネットシートが付いているため、そこにノコ刃をつけて挽けば、ぶれることなく正確にカットできます。

▶ 記号をつける～線引き

02

額縁や家具の扉など枠構造の部材は、縦かまち、横かまちと呼ばれます。実際にかまち材を寸法図のように並べ、AとA'、BとB'…とコーナーごとに記号をつけておきます。そうすれば、どの材とどの材をペアにするかがすぐに分かります。かまち材の両端から35mm離れたところに、鉛筆で線を引きます。この時は、物差しで測るのではなく、写真のように現物(実際に使う35mm幅の材)をあてて引けば正確です。この線は、ノコギリで切り込む目安になります。

▶ 縦挽き

03

縦横のかまち材を一緒に、縦挽きガイドにクランプして切り込みを入れます。ガイドの上の茶色に見えるのはスペーサーです。ここでは、ノコギリが材の厚み(18mm)のおよそ半分のところに位置するよう、厚さ約8mmのスペーサーを使用しました。注意することとして、長い方のかまち材の下に、使用するノコギリの替刃をはさんだ状態でクランプします(写真下)。そうしないと、ノコ刃の厚み分薄くなり、組み合わせた時に段差が生じるからです。

▶ ○×印をつける

04

鉛筆線のところまで切り込みを入れたら、替刃と一緒にクランプした材の木口に○印をつけて残す部分とし、もう一方に×印をつけて切り落とす部分にします。

▶ 不要部分を切り落とす

05

再び直角ガイドを使い、不要部分を切り落とします。どちら側を切り落とすか、○印と×印に注意して作業しましょう。切り落とす位置は、相手板をガイド面にあてがって現物合わせをすると正確。

▶ 仮組み～接着

06

仮組みをし、不具合がないことを確認してから接着剤で接着します。接着する時は、スコヤで内側が直角であるかどうかを確認しながらクランプしていきます。

クランプ

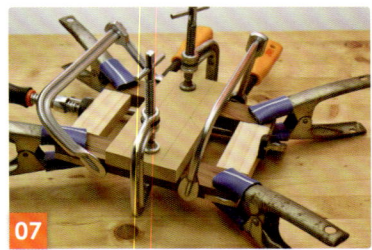

07

額縁の中央にクランプしてある板は、全体にねじれやゆがみが生じないようにするためのものです。

カンナがけ

08

接着剤が乾いたら、ブロックプレーンやNo.4ベンチプレーンで目違いを払い仕上げます。写真にはカンナの脇にロウソクが写っていますが、これはカンナの底部に塗って滑りをよくするためのもの。サンドペーパーよりカンナで仕上げたほうが、表面は滑らかになります。

Chapter3
材と材をつなぎ合わせる
「継ぎ手」の基本を身につける

外周には材の木口面があるため、木口削りに強いローアングル・ブロックプレーンを使うのが最適です。

09

10
ブロックプレーンで糸面（ほんのわずか材の周囲を面取りすること）を取っています。写真では滑り止めマットを貼った板の上に額縁を置いて作業しています。

▶ **完成**

11
額縁の裏側に両面テープで透明の塩ビ板を貼ります。

透明板の上に飾る写真を乗せて、周囲を両面テープでとめます。

12

13
壁に掛けられるように、額縁の裏にひもを付けます。左右2ヵ所に画びょうを軽く刺し、ひもを数回巻きつけてから強く押し込みます。中央の画びょうは本来壁に刺すものですが、写真のように、ここにひもを経由させると、その長さが決めやすくなります。これで、縦かまちと横かまちの材を変えて変化をつけたおしゃれな額縁の完成です。

67

箱や棚作りによく使われる「追い入れ継ぎ」

片方の板に溝を彫り、そこにもう一枚の板を差し込んで接合するのが「追い入れ継ぎ（大入れ継ぎ）」です。板の厚みと溝の幅が同じでないとガタが生じ、見栄えもよくありません。まず、材にノコギリで溝の両側に2本の切り込みを入れ、その間をノミで削り取ります。この継ぎ手は、以下の方法で簡単に製作できます。

この収納ボックスのように、引き出しを乗せる仕切り板を側板に取り付ける時によく使われます。強度が増し、本格木工を印象づけます。

[追い入れ継ぎの手順]

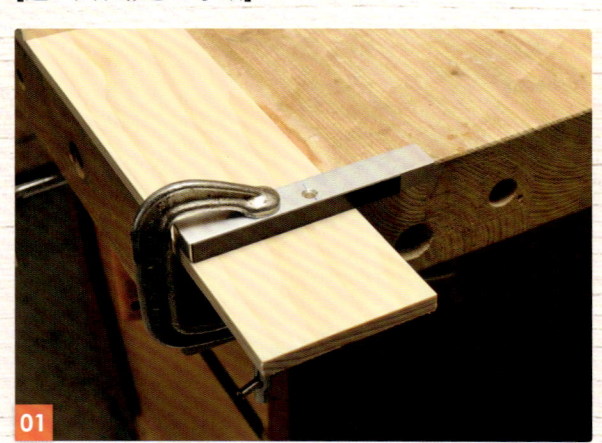

01 追い入れ加工したいところに、ガイド（フェンス）をクランプします。写真のガイドは、アルミ角棒の端材を利用したものですが、もちろん木の角棒でもかまいません。ガイドには、マグネットシートを貼っておきます。追い入れ溝は、一般的に木目方向に対して90°に入ります。

02 溝に差し込む板をはさむようにして、もう1つのガイドをクランプし、板は外します。溝がきつくならないように、板とガイドの間に紙片を1枚はさむのがポイント。

03 ノコ刃にアイススティックを貼って切り込みの深さを3mmに設定。ガイドのマグネットシートにノコ刃をつけて、溝の片側を切り込みます。

Chapter3
材と材をつなぎ合わせる
「継ぎ手」の基本を身につける

04 反対方向から、もう一方のガイドに沿って切り込みを入れます。これで追い入れ溝の両側を切り込んだことになります。

06 ノミを使って溝を削り落としていきます。ノコギリで切り込んだ深さが、削り落とす溝の深さの目安になります。追い入れ溝は木目方向に対して90°に入るため、ノミで削り落とす作業は材が自然に崩れて意外と楽です。

05 2本の切り込みの間をノミで削り落としやすくするため、ノコギリで何本かの切り込みを入れておきます。ノコ刃にアイススティックを付けたままなので、切り込みの深さは全て一定です。

07 板を差し込んだ時の噛みあわせがきつすぎる場合は、差し込む板の端を少しカンナがけして調節します。

COLUMN

▶ ルータープレーンのすすめ

ルータープレーンは溝の製作にとても便利なカンナです。写真はルータープレーンの表と底面で、底面からL字状の刃までの距離が溝の深さになります。ぜひ揃えておきましょう。価格以上の働きをしてくれます！

Lie-Nielsen Small Router Plane Closed Throat
http://www.mirai-tokyo.co.jp

接合部の補強と装飾を兼ねた「ちぎり」

[ちぎりの手順]

01 額縁を縦挽きガイドにクランプします。スペーサーは、ちぎりの切り込み位置が額縁の厚みのほぼ中心にくる厚さのものをセットします。

02 この状態で、1回目の切り込みを入れます。これで、ちぎり溝の片側が決まります。

03 縦挽きガイドと額縁の間にノコ刃をはさみ、クランプし直します。これをノコ刃スペーサーと呼びます。スペーサーにはちぎり材の端材を両面テープで固定し、ノコギリで2回目の切り込みを入れます。ノコ刃を指で押さえながら切ります。これで、ちぎり材の厚みに対応した溝幅の切り込みが入ります。

　額縁や箱などのコーナーに、補強と装飾を兼ねた「ちぎり」と呼ばれる三角形の板が差し込んであるのを見た方も多いでしょう。おしゃれで、木工技術の高さが伝わってくるこの製作方法をご紹介しましょう。

　それにはノミと糸ノコが必要です。大切なのは、ちぎり材の厚みを、ノミの刃幅と同じか、それよりもやや厚くすることです。そうしないと、ちぎり材を差し込む溝の底をノミできれいに整形できません。製作の手順は以下の通りです。

Chapter3
材と材をつなぎ合わせる
「継ぎ手」の基本を身につける

04 糸ノコで不要部分を切り落とします。

06 溝に接着剤をつけ、ちぎり材を差し込みます

05 ノミで三角形の底辺部分を直線かややV字状に整形します。

07 接着剤が固まったら、アサリなしのノコギリで不要部分を切り落とし、ブロックプレーンなどで平らに仕上げます。

COLUMN

▶ 2枚刃のノコギリ

いつも使うちぎりの厚みを決めておけば、2枚刃のノコギリ（ちぎりノコ）を自作することで作業が簡素化されます。2枚のノコ刃の間にアクリルや塩ビ板をはさみ、両面テープで貼るだけなので簡単です。はさむ板の幅は、切り込みの深さをどの程度にするかで決まります。完成したら端材に切り込み、それに合わせたちぎりを作ります。厚みの調節は、写真のようにサンドペーパーで行ないます。ちぎり材には両面テープが貼ってあり、指が滑らないようにして作業しています。

より強固に接合する「矩形三枚組み継ぎ」

「矩形三枚組み継ぎ」はホゾ継ぎに似た継ぎ手で、接着面積は相欠き継ぎより更に広く強固です。ノミを使い、ホゾ穴の底を削って仕上げる必要があるため、ノミが入るホゾ穴の大きさでなければなりません。ここに注意して製作しましょう。ここでもノコ刃スペーサーを使ってホゾを製作します。

[矩形三枚組み継ぎの手順]

▶ ホゾ穴の製作

01 縦挽きガイドに直接クランプします。材の厚みが約18mmで、手持ちのノミの刃幅は6mmです。そこで、ホゾ穴を7mm程度にすればノミが入る計算になります。このことを考慮し、スペーサーの厚みを5mmとしました。

02 切り込みを入れます。

03 片側に切り込みを入れたら、材を反転し（ひっくり返し）反対側にも切り込みを入れます。

04 再度切り込みを入れます。

05 2つの切り込みの間がホゾ穴になるので、不要部分を楽に取り除くために糸ノコを使います。糸ノコの刃が入りやすくするため、もう1ヵ所切り込みを入れます。

Chapter3
材と材をつなぎ合わせる
「継ぎ手」の基本を身につける

06 不要部分を糸ノコで荒切りします。

07 ノミでホゾ穴の底を整形し、仕上げます。これでホゾ穴作業は完了です。

▶ ホゾの製作

08 ノコ刃スペーサーをはさみ、材を縦挽きガイドにクランプします。

09 切り込みを入れます。

10 ノコ刃スペーサーはそのままで材を反転し、クランプします。

11 反対側にも切り込みを入れます。

12 中央部がホゾになるため、○印をつけておきます。

13 直角ガイドで両側の不要部分を切り落とします。これでホゾの完成です。

73

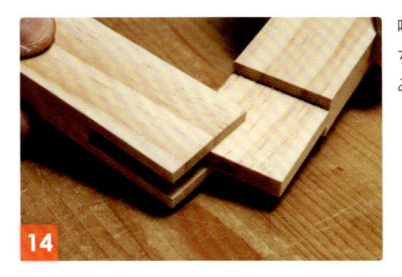

14 噛み合わせてみます。ちょうどよいきつさで噛み合っています。

15 矩形三枚組み継ぎの完成です。意外と簡単にできることがお分かりいただけたでしょう。

矩形三枚組み継ぎ

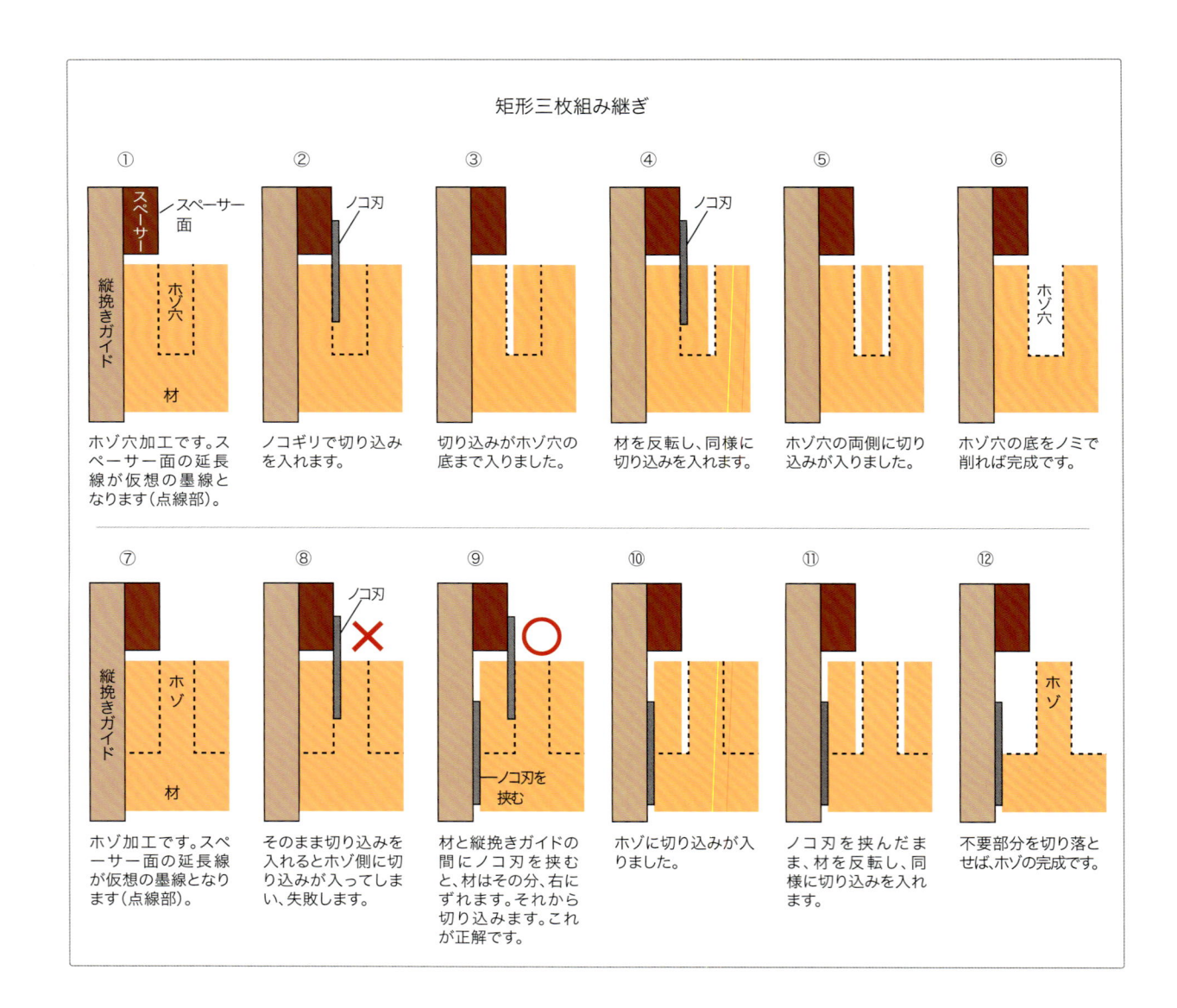

① ホゾ穴加工です。スペーサー面の延長線が仮想の墨線となります（点線部）。

② ノコギリで切り込みを入れます。

③ 切り込みがホゾ穴の底まで入りました。

④ 材を反転し、同様に切り込みを入れます。

⑤ ホゾ穴の両側に切り込みが入りました。

⑥ ホゾ穴の底をノミで削れば完成です。

⑦ ホゾ加工です。スペーサー面の延長線が仮想の墨線となります（点線部）。

⑧ そのまま切り込みを入れるとホゾ側に切り込みが入ってしまい、失敗します。

⑨ 材と縦挽きガイドの間にノコ刃を挟むと、材はその分、右にずれます。それから切り込みます。これが正解です。

⑩ ホゾに切り込みが入りました。

⑪ ノコ刃を挟んだまま、材を反転し、同様に切り込みを入れます。

⑫ 不要部分を切り落とせば、ホゾの完成です。

Chapter 4
さまざまな「継ぎ手」を使って生活小物を作る

「継ぎ手」の基本を身につけたら、実際に作品づくりに生かしてみましょう。ここで製作するのは生活小物。初めての人でも、作り方を参考にしてぜひチャレンジしてみてください。完成した作品が日々の暮らしに役立つなんて、とても素敵なことです。

- 76 　2段蓋付きの重ね箱
- 90 　ツートンカラーのトレイ
- 97 　玄関ミラー
- 104 　カトラリー・ボックス
- 109 　棚付き額縁
- 112 　角付き額縁

[応用編]
- 114 　引き出し
- 120 　スモール家具という考え方①　引き出し付き飾り台
- 128 　スモール家具という考え方②　洋タンス風小物入れ

2段蓋付きの重ね箱

継ぎ手：大留め継ぎ＋ちぎり

松材を使うことで明るい色になり、
そこに赤系のパドウクなどで補強のちぎりを入れることでコントラストの美しさが出ます。
蓋や上下の箱の噛み合わせは、印籠（いんろう）という方法で製作します。

Chapter 4
さまざまな「継ぎ手」を使って
生活小物を作る

　上下の箱が積み重なった構造で、接合は「大留め継ぎ」（52ページ）です。上の箱は天板と底板をつけたまま、密閉された状態の箱を作り、後から蓋と身に切り分けます。こうすると木目がつながります。

　接着時、上下の箱は重ねたまま1つの箱と見なし、アルミアングル材を利用し、ベルトクランプで一緒に締め付けます。こうすれば箱を上から見た時、四角形の直角がわずかに正確でなくても2つの箱が同じ形状になるため、確実に重なり、見た目がすっきりします。アルミアングル材を使うのは、ベルトクランプで締め付けた時にコーナーを保護するためと、材がずれないようにするためです。3段重ねの箱を製作する際は、全体の高さと同じか、それ以上の長さのアングル材を使いましょう。

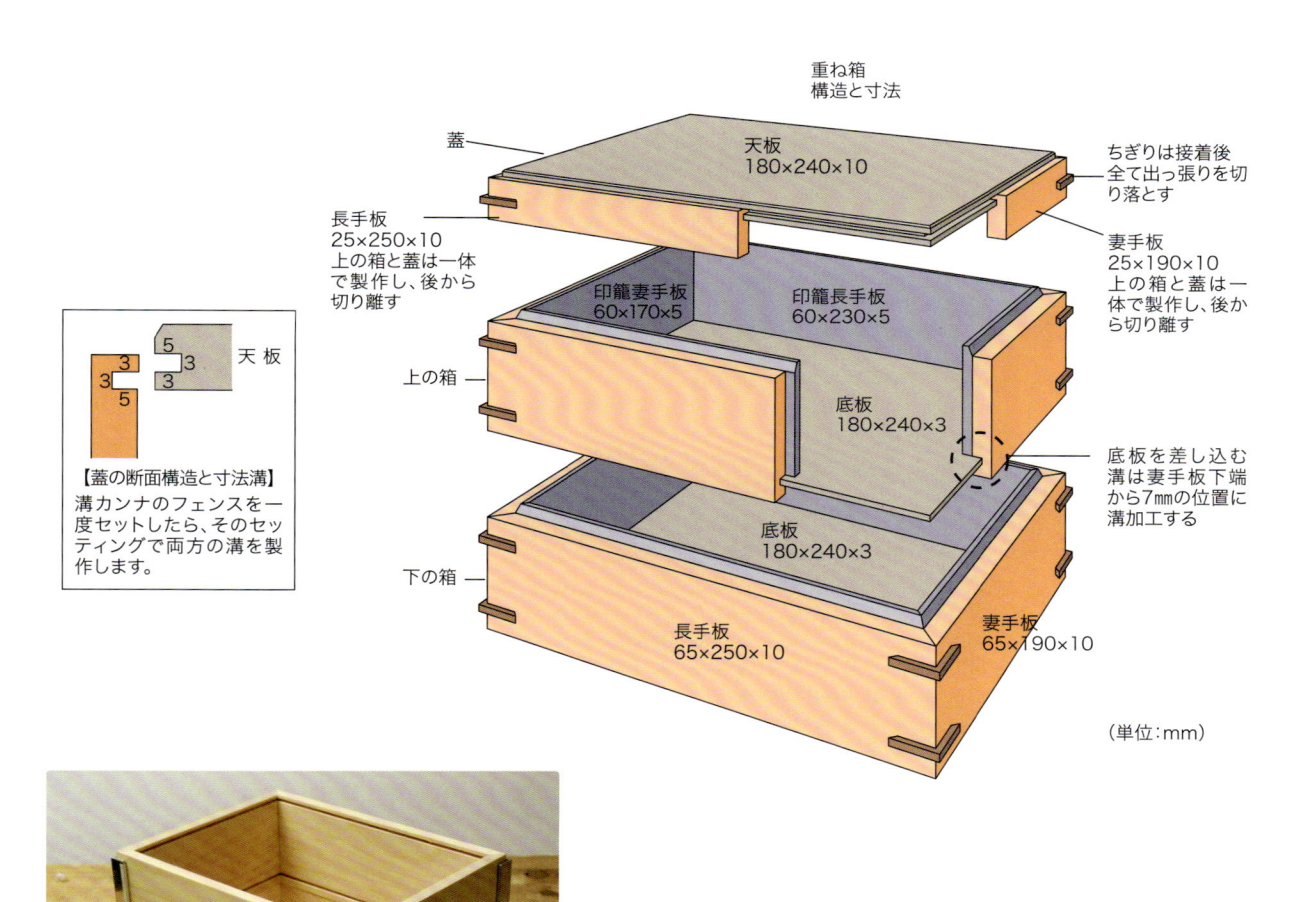

重ね箱 構造と寸法

- 蓋
- 天板 180×240×10
- ちぎりは接着後全て出っ張りを切り落とす
- 長手板 25×250×10 上の箱と蓋は一体で製作し、後から切り離す
- 妻手板 25×190×10 上の箱と蓋は一体で製作し、後から切り離す
- 印籠妻手板 60×170×5
- 印籠長手板 60×230×5
- 上の箱
- 底板 180×240×3
- 底板を差し込む溝は妻手板下端から7mmの位置に溝加工する
- 下の箱
- 底板 180×240×3
- 長手板 65×250×10
- 妻手板 65×190×10

（単位：mm）

【蓋の断面構造と寸法溝】
溝カンナのフェンスを一度セットしたら、そのセッティングで両方の溝を製作します。

天板
5／3／3／5／3／3／5

[使用材一覧]
本体：90×900×10／パイン材3枚から製作
印籠：90×900×5／アガチス2枚から製作
座板：3mmシナ合板
※単位：mm

《 作り方 》

▶ はぎ合わせ

01 天板に使用する板幅があまり広くないので、3枚はぎ合わせて1枚の板にする作業から始めます。木目の方向を合わせておきましょう。

02 はぎ合わせる2枚の板を山型に持ち上げ、合わせます。そのまま2枚の板をクランプし、カンナがけすることで、はぎ合わせる面を一直線にします。

03 ジャックプレーンの長さを利用して、2つの材を直線に仕上げます。両方の板からカンナ屑が出てくれば、はぎ合わせ面が整います。

04 もう片方のはぎ合わせも、2枚の板を山型に持ち上げ、合わせてカンナがけします。

05 はぎ合わせ面に全く隙間がないことを確認し、接着作業に移ります。写真では材の厚みが若干異なっていることが分かります。これはカンナで修正します。

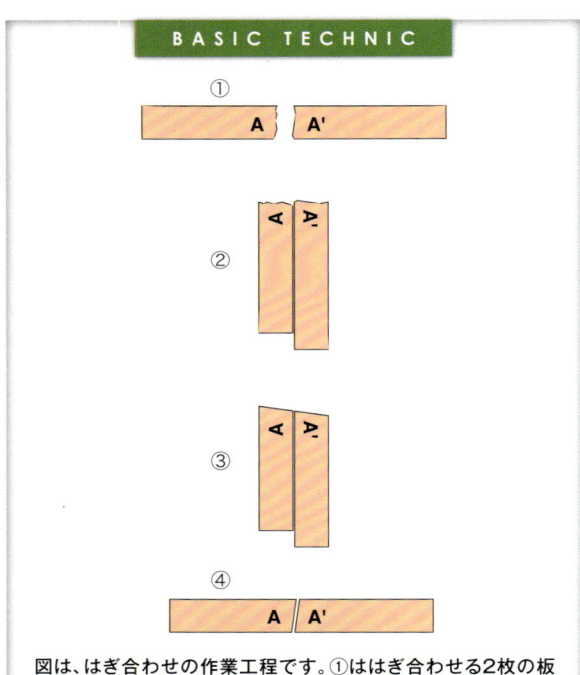

BASIC TECHNIC

① A A'

② A A'

③ A A'

④ A A'

図は、はぎ合わせの作業工程です。①ははぎ合わせる2枚の板です。②は2材をカンナがけする際の合わせ方です。AとA'の向きに注意してください。2材を山型に持ち上げればこうなります。③はカンナがけが済んだ状態です。カンナがけが直角ではなく斜めに削れても大丈夫です。④は元の位置に戻した状態です。斜めでも、平らにはぎ合わせできることが分かります。

Chapter4
さまざまな「継ぎ手」を使って
生活小物を作る

06 両面に接着剤を塗り、指で塗り広げます。

07 はぎ合わせ面を擦り合わせるようにして位置決めします。

08 はみ出た接着剤を拭き取り、マスキングテープを貼ります。クランプに接着剤がつかないようにするためです。

09 自作クランプで締め付けます。はぎ合わせの完了です。後はカンナがけし、必要な寸法に切り出します。

▶ 箱の製作

10 箱の底部になる部分に鉛筆で基準線を引いておきましょう。これで材の上下を間違えずに済みます。

11 材の上部をエッジプレーンで直角に削り、滑らかに仕上げておきます。組み上げた後からでは、仕上げにくい部分になります。

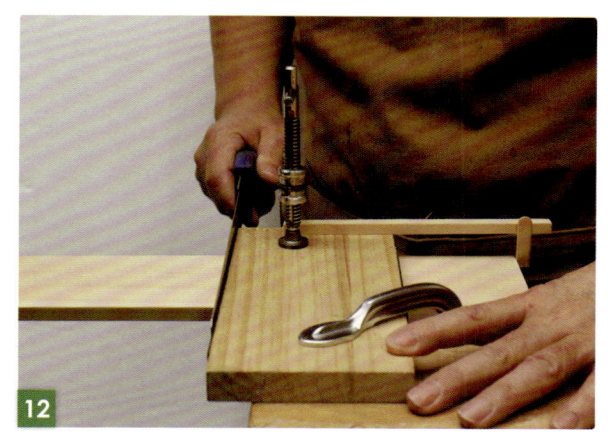

12 長手板、妻手板を切り出します。写真に見えるストッパーを使うと、正確な寸法に木取りできます。

79

13 木取りを済ませた材です。

14 全体の大きさを把握するため、材を箱状に並べてみました。

15 マグネットシートを貼った大留めガイドで、大まかに材を45°に切り落としておけば、カンナがけが楽になります。

16 上下2段分の妻手板を粘着テープで貼り合わせます。

17 大留め削り台で4枚一緒に削れば、長さの揃った部材になります。木口を削る時は、カンナの刃を少し多めに出したほうがよく削れます。

▶ **天板のカンナがけ**

18 はぎ合わせた天板をベンチフックの上で平らに削ります。

19 底板以外の部材が揃いました。

Chapter4
さまざまな「継ぎ手」を使って生活小物を作る

▶ 溝加工

20
底板をはめ込む溝を溝カンナで加工します。溝の深さは5mmです。カンナのストッパーを5mmにセットします。刃幅が3mmの刃を付けています。長手板、妻手板全てに溝加工します。

21
次に、上段の箱だけに天板を差し込む溝を加工します。この作業では、材の縁から3mmのところに3mm幅の溝を加工する必要があります。カンナのフェンスから刃までの距離を3mmにセットするため、写真に写っているドリルビットを使いました。次にその方法を説明します。

22
深さストッパー
刃
フェンス
3mmドリルビット

写真は溝カンナを下から見たところです。写真のほぼ中央に小さい刃が写っています。その下に太さ3mmのドリルビットがあり、ビットがフェンスではさまれているのが分かります。これにより、フェンスと刃の間の距離を正確に3mmにセットすることができます。ちなみに、刃の上にある四角形の部品は溝の深さを設定するストッパーです。この設定は天板の溝加工にも使うため、解除しないでください。

23
妻手板、長手板に溝が入りました。

24
天板の周囲に溝加工します。カンナのフェンスがあたっている面が天板の内側面です。加工は木口から始めます。木口〜木端〜木口〜木端の順で加工します。

25
完成した天板です。

▶ 底板を削る

26
底板に使用するシナ合板の厚みを溝幅に合わせるため、斜めに少し削っているところです。下に敷いてあるのは、両面に滑り止めマットを貼った合板です。滑りにくくなり、安定してカンナがけができます。

▶ 接 着

27
仮組みし、全体をチェックします。

28
展開し、長手板と妻手板を並べます。

29
梱包用の粘着テープを蝶番のようにして、妻手板と長手板とをつなぎます。

30
木口部分に接着剤をつけ、指で塗り広げておきます。接着剤は多めにつけましょう。木口は水分を吸いやすいため、多めに塗らないと接着強度が出ません。

31
写真は下の箱です。底板を溝にはめ込みながら、周囲の板を、海苔巻きを作る時のように巻き付けます。

Chapter 4
さまざまな「継ぎ手」を使って
生活小物を作る

32
最後のコーナーも粘着テープで留めます。

33
上の箱は底板と天板を差し込みながら、海苔巻き作業を行ないます。手前に見える下の箱のコーナーには、粘着テープを四角形に切ったものが貼ってあるのが分かります。重ねた時、2つの箱がくっつかないようにするためです。

34
アルミアングル材を取り付け、輪ゴムで仮留めします。

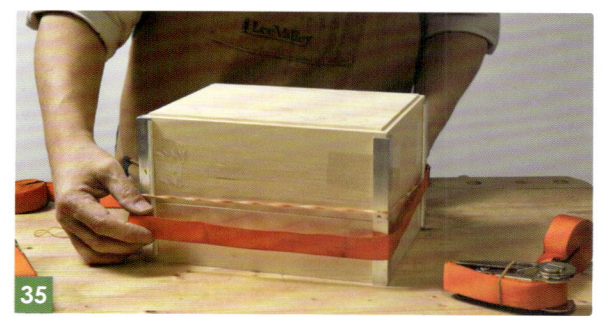

35
ベルトクランプを巻き付け、締め込みます。

36
スコヤで直角を確認します。修正する場合は、対角線上にクランプをかけます。

▶ **蓋と身を切り分ける**

37
接着が終わったら、カンナで箱の底部の段差を修正します。

38 蓋と身に切り分ける位置を罫書きします。

39 ノコギリガイドを両面テープで固定し、ノコギリで切り分けます。長めのノコ刃が必要なので、ここではアサリのついたものを使っています。切り分ける時のコツは、一辺を完全に切ってしまうのではなく、一部をわずかに切り残しながら四辺を切っていきます（一辺を完全に切っていく作業を続けると、最後の一辺を切る時、すでに切った部分の切り口が動いて作業しにくくなります）。最後に切り残し部分を切り離します。

40 切り離しました。箱の内側にはみ出た接着剤を、カッターなどできれいに切り取ります。

41 ノコギリの切り口を整えます。ジャックプレーンの長さを利用し、箱の周囲2ヵ所が常にカンナに接している状態でカンナがけすれば、全体を平面に削ることができます。

▶ 印籠の製作

42 印籠材として5mmのアガチス材を使用しています。まず、大留め削り台で片側の端を大留め（45°）に削ります。

43 箱の内側に合わせ、切り落とす長さのところに印をつけて直角ガイドでカットします。材は1～2mm長めに切り出しておきます。

84

Chapter4
さまざまな「継ぎ手」を使って
生活小物を作る

44 大留めに削ったら箱に合わせる作業を繰り返し、ぴったり収まるようにします。印籠は2枚の長手板を先に製作してから妻手板を製作するとよいでしょう。

45 各印籠板には記号などを印し、箱のどの内面に収まるのかを決めて作業しましょう(ガタなくぴったり収まっていれば、完成しても印籠材を接着する必要はありません。ここでは次の作業があるため、接着しません)。

47 必要であれば、ショルダープレーンで印籠材の厚みを調節します。

46 箱と箱を重ねやすくするため、印籠材の飛び出した部分を少し斜めに削ります。

48 上下の箱に印籠を製作し、調整します。

ちぎり製作

　本書の「留め継ぎの写真立て・ちぎり」(49ページ)と「ノコギリガイドと使い方・ちぎり製作」(70ページ)でちぎり製作の方法を解説していますが、ここではもう1つの方法を紹介します。

《 作り方 》

01 写真のような道具を自作するとちぎりの製作が楽にできます。断面が凹状のジグで、マイターボックスといいます。45°斜めに切り込みがあり、ここにノコギリを通してちぎりを45°にカットする道具です。クランプで、マイターボックスとストッパーを一緒に固定しています。

02 ちぎりが入る切り込み線を入れます。

03 ちぎり溝を製作するため、臨時の縦挽きガイドを製作します。箱をクランプする目安になるよう、45°の線も入れておきます。

04 このように、あて板の上から箱をクランプします。

05 箱本体がクランプされています。使用しているスペーサーの厚みは約10mmです。写真では手前の溝がすでに完成しており、箱を反転してクランプしたところです。

06 もう1つのスペーサーとして、使わなくなったノコギリの刃をつけます。この刃は使用するノコギリの刃と同じものです。これで、ノコ刃の厚み分離れたところに切り込みが入ります。

07 切り込みを入れます。マグネットシートにすでにノコ刃がついていて、磁力が弱いので、ノコ刃を指で押さえて切り込むようにします。

Chapter4
さまざまな「継ぎ手」を使って
生活小物を作る

08
最初の切り込みの完了です。

09
ノコ刃のスペーサーを外します。

10
次にちぎり材と同じ厚みの端材をスペーサーにあてがいます。これが2番目の切り込み位置になります。ここでは端材がちぎり材より少し薄かったので、梱包テープを数枚貼り、厚みを調節しました。もし、ちぎり材が余っていれば、それをスペーサーとして使うのがベストです。

11
2番目の切り込みを入れます。マグネットシートの磁力が効かないので、指でノコ刃を端材スペーサーに押し付けた状態で行ないます。

12
2本目の切り込みが入りました。

13
糸ノコで不要部分を切り取ります。

14
ノミで溝の底部を平らに仕上げます。この時、ノミは奥行きの半分まで入れます。つまり、この箇所は2枚の材が45°の留め継ぎになっているので、ノミで削れるのは逆目にならない材の合わせ目までということになります。無理にノミを入れると、接着がはがれる恐れがあります。

15
反対側から溝を仕上げているところです。溝は中央でほんのわずかV字状にするのがコツです。こうすると、ちぎりを差し込んだ時、外から見て溝の両端に隙間ができず、美しい仕上がりになります。(ここではV字状にしたことで、箱の内側に小さな穴があきましたが、印籠材で隠れてしまうので問題ありません)

16
ちぎり溝の完成です。

17
ちぎりを差し込んだところです。この方法で製作すると、一度箱をクランプするだけで、切り込みから完成まで、一貫して作業できます。

18
写真はちぎり材を接着する際に使用した道具です。ノミで溝を整えたり、やや厚いちぎりはサンドペーパーで調整したり、箱の内側にはみ出た接着剤は水で濡らした歯ブラシや刷毛で落とします。

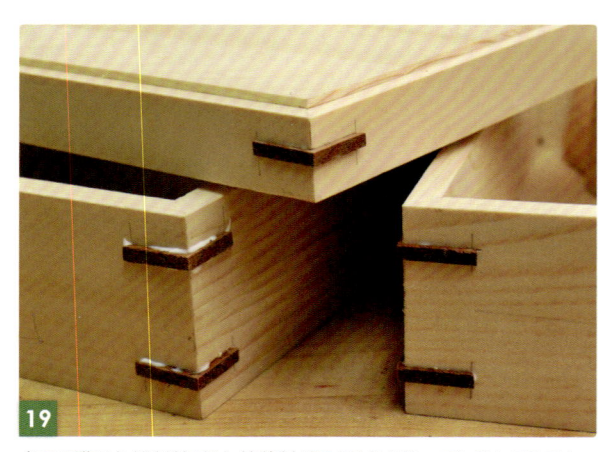

19
全ての溝にちぎりが収まり、接着剤が固まるのを待っているところです。

Chapter4
さまざまな「継ぎ手」を使って
生活小物を作る

20 ノコギリでちぎり材の出っ張り部分を切り落としているところ。箱の下に滑り止めマットを敷いています。使用しているノコギリはアサリがなく、刃の細かいものです。

21 ブロックプレーンでちぎりの段差を修正します。箱の長手板の木目は左から右方向に流れており、反対方向は逆目となっています。写真は削り終わりの状態です。ちぎりの木口を削るわけなので、この時欠けが生じる可能性があります。せっかく作った箱なのに、ちぎりの角が欠けては大変です。良く切れる刃で、ゆっくり削りましょう。心配なら、反対側から削るのもよいでしょう。ただし、箱の長手板は逆目になるので注意が必要です。

22 写真はちぎりの段差を修正しているところです。ちぎり材と長手板が一枚のカンナ屑になっているのがよく分かります。

23 ブロックプレーンで段差修正ができたら、全体をNo.4ベンチプレーンで滑らかに仕上げます。この時も、削り終わりではゆっくり慎重にカンナを運びます。よく切れる刃で作業します。

▶ 仕上げ

24 全体を軽く面取りします。

25 完成です。サンディングシーラーを塗り、ペーパーがけしてからニスを塗りましょう。

ツートンカラーのトレイ

継ぎ手：包み継ぎ

2種類の材を使ったツートンカラーのトレイを作りましょう。
茶色のウエスタンレッドシダーと白いエゾ松を使っています。
構造は簡単な「包み継ぎ」です。

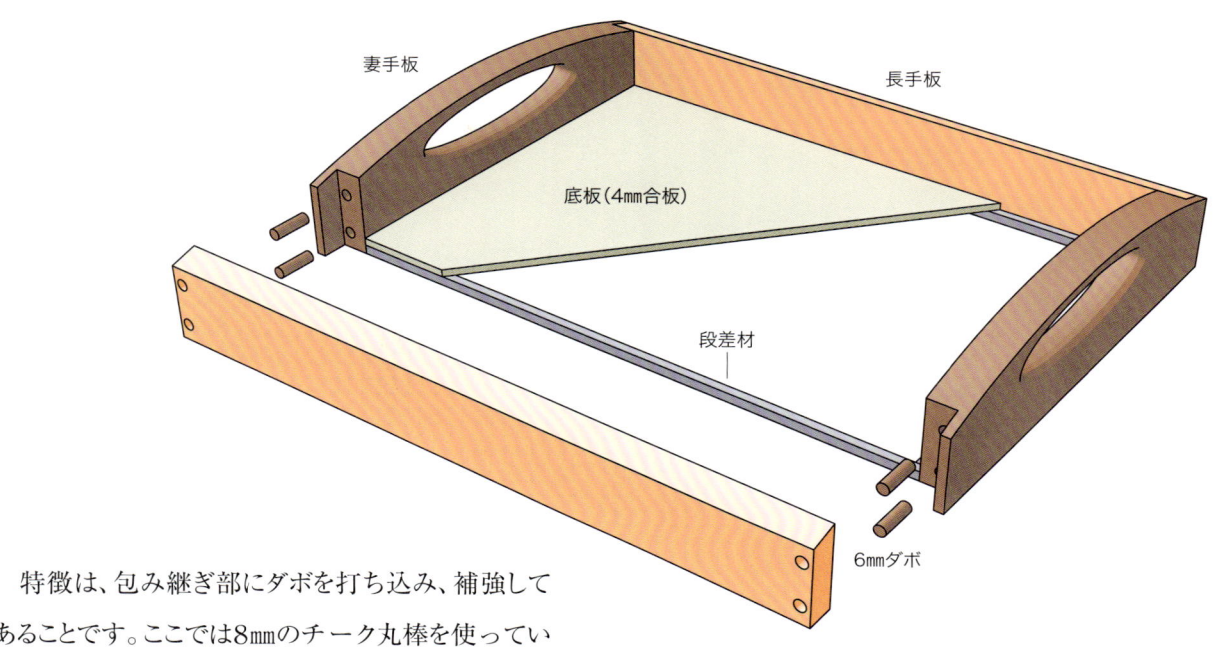

Chapter 4
さまざまな「継ぎ手」を使って
生活小物を作る

妻手板　　　　　長手板

底板（4mm合板）

段差材

6mmダボ

　特徴は、包み継ぎ部にダボを打ち込み、補強してあることです。ここでは8mmのチーク丸棒を使っています。また、底板取り付けは段差材を使う簡単な構造です（「底板を取り付ける」60ページ参照）。

10mm方眼

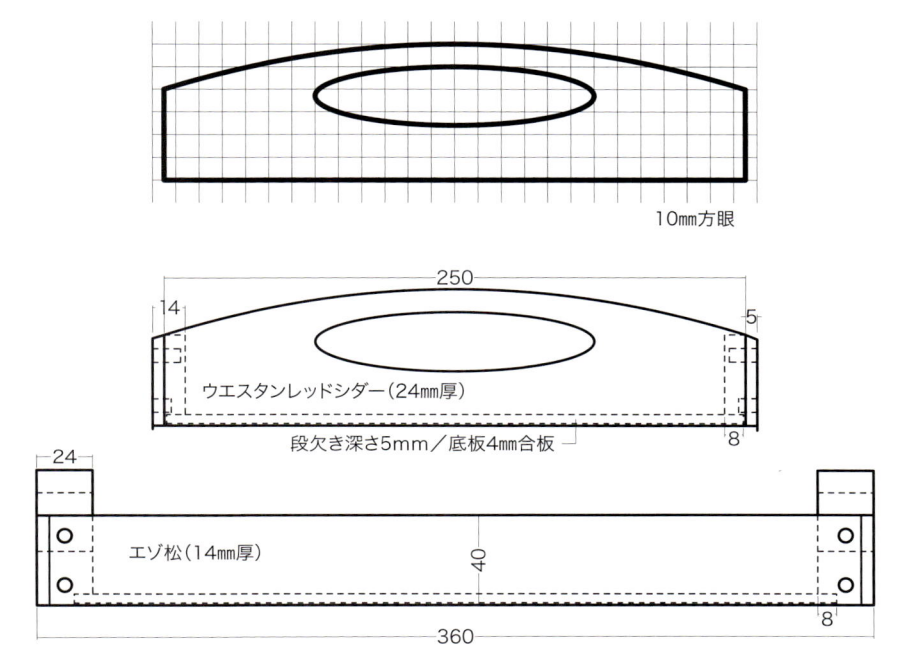

250

14　　　　　　　　　　　　　　　5

ウエスタンレッドシダー（24mm厚）

段欠き深さ5mm／底板4mm合板

24

エゾ松（14mm厚）　　40

360　　　　　　　　　　8

[使用材一覧]

松材：40×360×14／2枚
ウエスタンレッドシダー：
250×60×24／2枚
座板：4mmシナ合板
段差材：5×5角棒
ダボ：8mmチーク丸棒
※単位：mm

《 作り方 》

▶ 楕円形のある妻手板

01 10mm方眼の図面を使い、実物大の妻手板の型紙を切り出し、材に写します。材の両面に墨線を入れてください。

02 材に糸ノコ刃を通す穴をあけ、楕円穴を切り出します。切り抜き作業は墨線からずれないようにゆっくり慎重に作業します。時間がかかりますが、焦らずに作業してください。

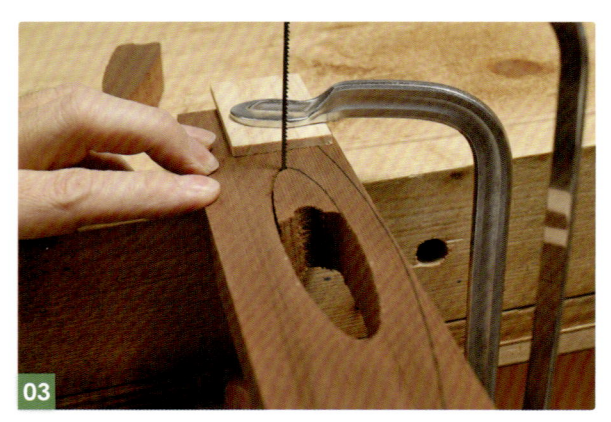

03 きれいに切り抜けています。

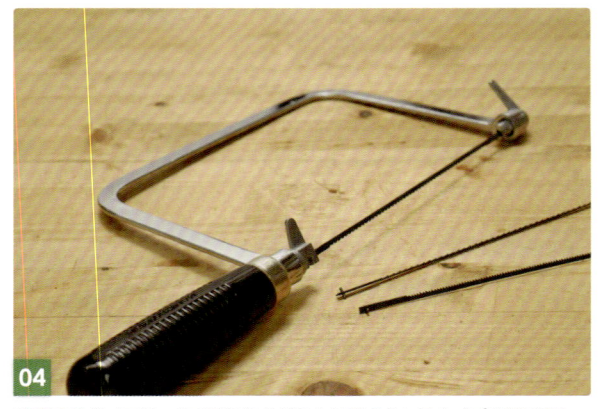

04 使用する糸ノコは、ノコ刃の向きが自由に変えられるタイプを選びましょう。写真ではノコ刃が斜めにセットされています。2本の爪は刃の向きを変えるためにあります。ノコ刃の両端にピン（ダボ）が付いているタイプなので交換が簡単です。

05 妻手板の切り抜きが完了しました。

06 切り出し小刀などで楕円穴の断面を整えます。

Chapter4
さまざまな「継ぎ手」を使って生活小物を作る

07 大まかに楕円穴の周囲を面取りします。

08 #80程度の荒いサンドペーパーで、靴磨きのように楕円穴の周囲を丸く削ります。

09 次に、曲面が削れるシアソフト(SIASOFT)というサンドペーパーで仕上げていきます。サンドペーパー裏面にスポンジが貼ってあります。このシアソフトはウェブショップ、ツールズGR(www.tools.gr.jp)で販売されています。

10 きれいに整形できました。

▶ 妻手板の段欠き

11 縦挽きガイドで妻手板に切り込みを入れます。スペーサーの厚みは8mmにしました。切り込みの深さは相手板の厚みとなり、14mmです。

12 直角ガイドで不要部分を切り落とします。

13 仮組みしてみます。

14 次に、妻手板上部の曲面製作です。

15 不要部分を直線で荒切りします。直角ガイドを反転し、ストッパーを上に向ければ、単なるノコギリガイドとして使えます。

16 ブロックプレーンの刃をやや多めに出して整形します。

17 材の両面に墨線が入れてあるので、両方を見ながら整形していきます。削りすぎないよう、首を左右に振りながら頻繁に両方の墨線を見ることになります。そこで、片方の墨線を鏡に映し、一方向から両方が見えるようにして作業をすると、とても楽になります。

18 カンナによる整形面を、今度はサンドペーパーで仕上げます。裏面を両面テープで作業台に固定したサンドペーパーに、材を擦りつけて仕上げています。

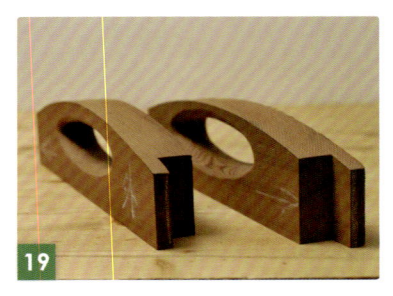

19 #120のサンドペーパーを使いました。

20 仮組みしてみると、長手板と妻手板の接合部に段差が生じています。曲面部分をさらに削れば修正できますが、面倒な作業になるため妻手板を下に少しずらし、段差をゼロにします。下にできる段差は、カンナで修正することにします。このほうが、楽に修正できます。

21 妻手板の内側になる面は、今のうちに仕上げておきましょう。

Chapter 4
さまざまな「継ぎ手」を使って
生活小物を作る

▶ 接着

22

写真は接着時、2つの長手板を平行に保つため、平らな板にクランプしたところです。こうすれば、トレイ全体がよじれた状態で接着剤が固まってしまうことはありません。

BASIC TECHNIC

板によじれがあるかどうか調べる方法があります。まず、作業台にチェックする板を置き、その上に2本の長めの材を前後に並べます。視線を下げ、長めの材が写真のように平行なら、板はよじれていないことが分かります。これは、さまざまな場面で使える便利な方法です。覚えておきましょう。

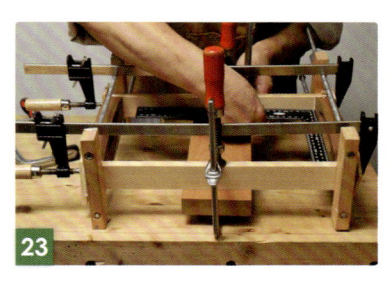

23

サシガネをあてて直角かどうかを調べます。

24

接着剤が固まり、クランプを外しました。妻手板と長手板の段差は解消されています。しかし、その分、下に段差が生じています。

25

その段差を修正します。このカンナがけはブロックプレーンの刃幅に対して材の幅がちょうどいいため、カンナがけの見本のような作業になりました。音と感触、それに木の香りを楽しみながら作業しましょう。もちろん、カンナがけの方向は順目です。

26

修正後です。

27

続いて上部も曲面にあわせ整形します。

▶ ダボを打つ

28 丸棒を差し込む下穴をあけます。アクリルミラーを使い、長手板の面に垂直にあけます。アクリルミラーを使った穴あけは「玄関ミラー」（103ページ）を参照してください。

29 長さ30mmに切ったチーク材のダボを、深さ25mmの穴に差し込みます。

30 穴に接着剤をたくさん入れると、ダボを差し込んだ時に入りにくくなります。ここでは長いクランプで上からジワジワ締め込んでいるところです。

31 ダボ頭をノコギリで落とし、奥に見えるブロックプレーンで平らにしてから、長手板全面をNo.4ベンチプレーンで最終仕上げしています。

BASIC TECHNIC

今回のトレイや引き出しなどの外周をカンナがけする場合、写真31のように角棒を利用した簡単な削り台を作ると作業がぐっと楽になります。この場合、材の中央がややたわむ傾向になるため、板状の材を使うこともあります（写真左側の角棒は2ヵ所クランプで固定し、ずれないようにしてあります）。

▶ 底板の取り付け～完成

32 内側周囲に5×5mm角棒を接着し、底板を受けとめる段差材とします。

33 底板を接着します。

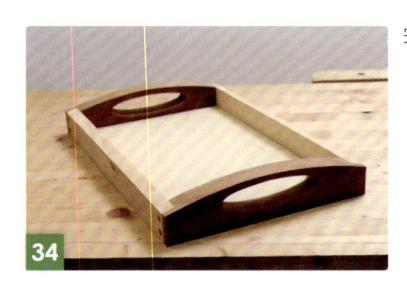

34 完成です。

Chapter4
さまざまな「継ぎ手」を使って
生活小物を作る

玄関ミラー

継ぎ手:変形相欠き継ぎ

鍵や帽子などを掛けておく玄関ミラーを作りましょう。
お出かけ前の身支度チェックもできます。
基本構造は、変形の「相欠き継ぎ」。
片方の材を少し伸ばし、そこに簡単な装飾効果を持たせました。

基本構造は「相欠き継ぎ」ですが、変形の相欠き継ぎといえます。本書（61ページ）も参照してください。玄関ミラーの大きさは、市販のアクリルミラーの大きさで決めるのがいいでしょう。ここでは270×320×3mmの大きさのものを裏側から両面テープで貼ります。材はエゾ松で、厚さ14mmのものを使っています。

玄関ミラーの技法で、このような額縁やスパイスラックの製作も可能です。

[使用材一覧]

40×1800×14／1枚
80×1800×14／1枚
木のフック／必要数
※単位：mm

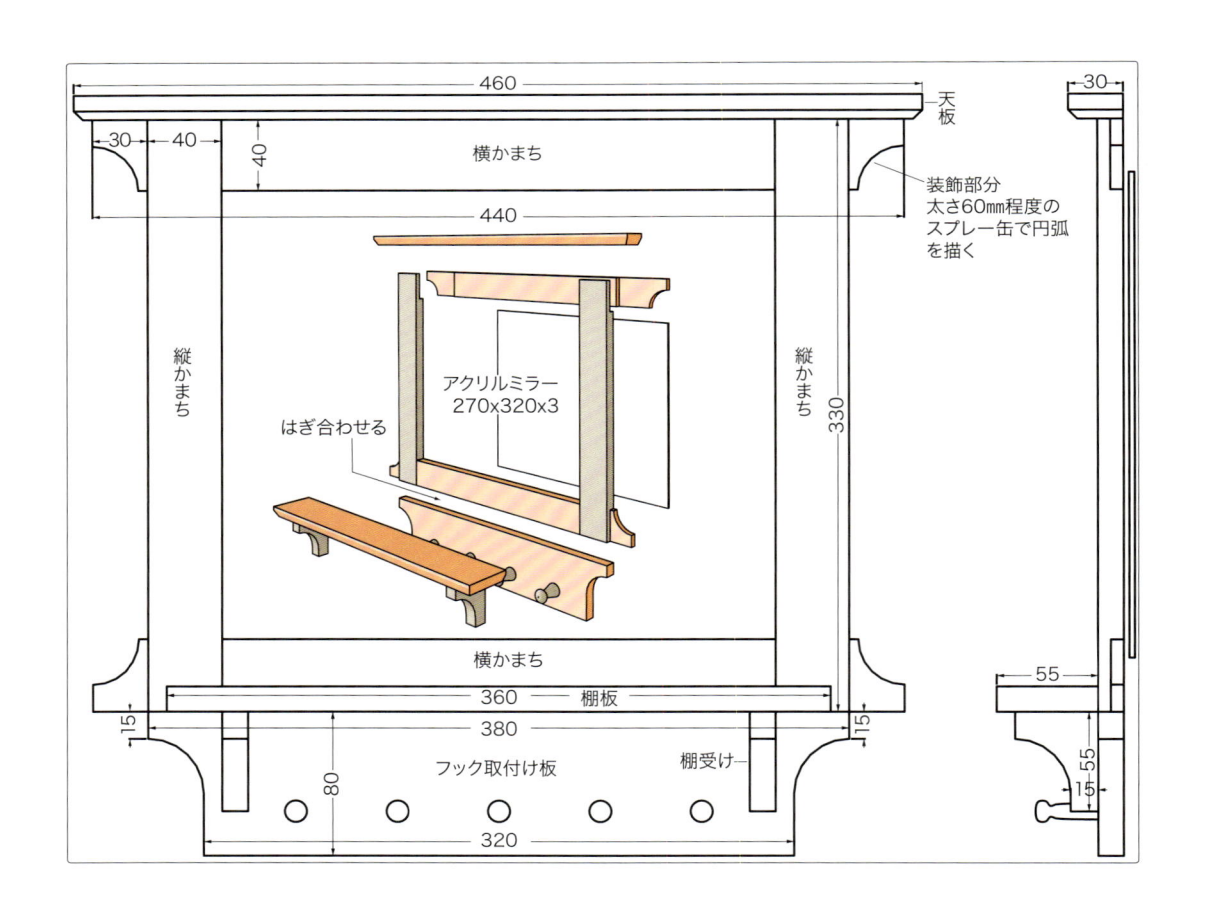

Chapter4
さまざまな「継ぎ手」を使って生活小物を作る

《 作り方 》

▶ 枠を作る

01 縦かまち（縦枠材）、横かまち（横枠材）をそれぞれ2本切り出します。材を同じ長さに切り出す方法として、「ノコギリガイドと使い方・同じ長さの材を切り出す」（33ページ）で紹介した方法に似ていますが、ここでは別の方法を紹介しましょう。写真のように突起のある棒を作業台に固定し、ストッパーとして使う方法です。この方法だと作業台の長さを利用できるため、長めの材の切り出しに利用できます。

02 枠材の両側をエッジプレーンで直角に仕上げています。玄関ミラーの製作では、完成してから周囲をカンナがけしにくいため、今のうちに処理しておきます。

03 4本の枠材全てのカンナがけが終わったところです。エッジプレーンは、刃に対し、直角についているフェンスが一体成形された特殊なカンナで、22mm厚の材まで直角に仕上げることができます。

04 縦かまちに切り込む際は補正のため、ノコ刃をはさんで縦挽きガイドにクランプします。

05 切り込みを入れます。ここでは相手の材の幅分切り込みます。

06 補正用ノコ刃をはさんだ場合、切り込んだ木口部分に○印を入れます。この部分を残し、もう一方を切り落とすという意味です（切り落とす側はスペーサーに隠れています）。

07 次に、横かまちに切り込みを入れます。補正用ノコ刃は使いません。

08 図面通り、横かまちには装飾部分を含む70mmの切り込みを入れます。

99

09 写真のように×印を入れます。今度はこの部分が不要になるので、切り落とすという意味です。

10 縦、横かまちの不要部分を切り落とします。写真は横かまちを切り落としたところです。

11 仮組みしてチェックします。

> ### BASIC TECHNIC
> 一般的にかまちを製作する時は、縦かまちが上から下まで見え、横かまちが、縦かまちにはさまれる形になります。キャビネットの扉などもこの法則に従っています。身の周りにあるかまちを見て確認してみましょう。

12 横かまち両端の装飾部分は、直径60mmのスプレー缶を利用して、円弧を描きました。それを糸ノコで荒切りします。ここでの作業姿勢は、材と同じぐらいまで視線を下げるため、しゃがみ込んで糸ノコを使っています。こうするとノコ刃が垂直になり、切りやすくなります。

13 スプレー缶にサンドペーパーを巻き付け、荒切り部分を削って仕上げます。2つの材を一緒にして作業すると材が厚くなるため、ペーパーをかけやすくなります。

14 2つの材ともきれいに仕上がりました。

▶ 接 着

15 接着剤を塗り、自作クランプで締め込んでいます。スコヤで材の直角を確認する作業を忘れないでください。

Chapter 4
さまざまな「継ぎ手」を使って
生活小物を作る

▶ フック取り付け板の製作

16 フック取り付け板の円弧部分を製作します。直線部分はノコギリガイドで切ります。

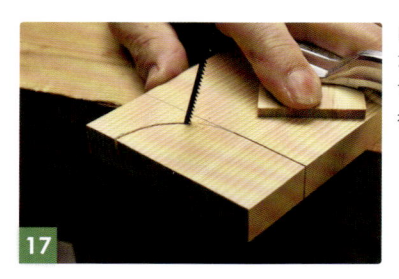

17 曲線部分は糸ノコを使います。糸ノコの刃を少し前方に傾けると曲線が蛇行しにくくなります。

18 スプレー缶に巻いたサンドペーパーで整形します。

19 すでに完成している枠とフック取り付け板をはぎ合わせるため、2つの材を一緒に固定し、ジャックプレーンで一直線に削っているところです（はぎ合わせの方法は「2段蓋付き重ね箱」78ページを参照してください）。

20 はぎ合わせ面に隙間ができていないかチェックします。

21 隙間なくぴったり合っています。

▶ 仕上げ

22 接着剤を塗り、はぎ合わせます。

23 はぎ合わせる2材が「く」の字に曲がらないよう、端材板をクランプし、2材が平らになるようにしています。はぎ合わせ圧力は2本の赤いクランプが受け持っています。

▶ 天板と棚板

24 接着剤が固まったら、全体をジャックプレーンを使って段差を修正し、滑らかに仕上げます。

▶ 棚受けの製作

25 棚受けは小さいので端材から切り出すことにしました。2つの材を一緒に切り出し、後から二分割します。糸ノコで荒切りし、スプレー缶に巻き付けたサンドペーパーで仕上げます。

26 小さくても角の直角は大切です。ノコギリガイドを使い、ていねいに切り出しましょう。この後、2つに切り分けます。

27 天板、棚板、棚受けです。天板と棚板は装飾性を持たせるため、大きく面取りします。

28 棚板を面取りしているところです。面取りする順序は木口、木端、木口の順です。写真は木端の面取りです。

29 面取りが完了したので、全体を組み上げていきます。

Chapter4
さまざまな「継ぎ手」を使って
生活小物を作る

30 棚受けをフック取り付け板の裏から木ネジで留めています。必ず下穴をあけてから木ネジを使いましょう。棚受けは両面テープで固定し、クランプも使って下穴をあけました。

31 棚板も裏から3ヵ所木ネジで固定。同様に天板も取り付けます。

▶ 完 成

BASIC TECHNIC

32 フックの下穴をあけます。穴のあいたアクリルミラーにドリルビットを通し、ミラーに映ったビットが一直線になるようにして穴をあければ、ほぼ垂直にあきます。この方法は、さまざまな作業に役立ちます。

33 フックの数や大きさは使用目的に合わせて決めましょう。フックはホームセンターで販売されています。

34 壁掛けフックも取り付けます。

35 枠の裏面にアクリルミラーを取り付けるため、両面テープを貼ります。

36 アクリルミラーを貼り、完成です。

カトラリー・ボックス

| 継ぎ手:包み継ぎ |

ナイフやフォーク、スプーンを入れるカトラリーボックスを作りましょう。
長手板と妻手板の材質を変え、
チーク材のダボをアクセントにしたデザインは
シンプルながら食卓をおしゃれに彩ります。

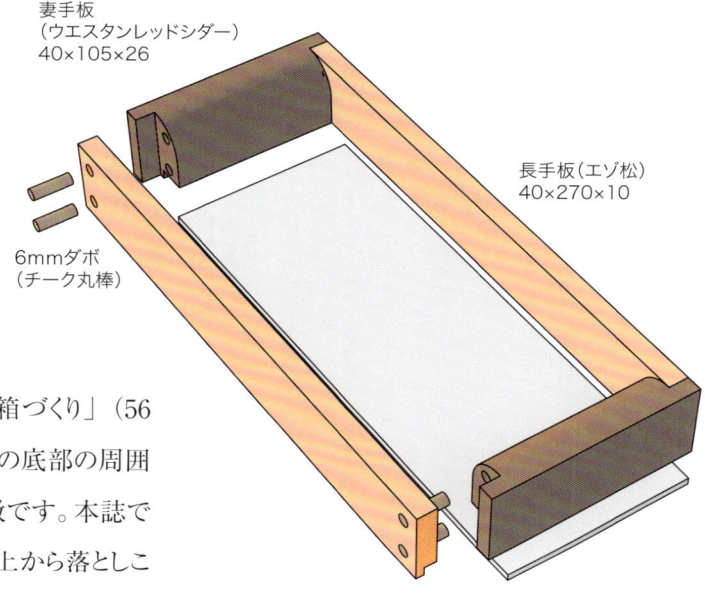

Chapter4
さまざまな「継ぎ手」を使って
生活小物を作る

妻手板
（ウエスタンレッドシダー）
40×105×26

長手板（エゾ松）
40×270×10

6mmダボ
（チーク丸棒）

　基本構造は包み継ぎです。「包み継ぎの箱づくり」（56ページ）を参照してください。長手板、妻手板の底部の周囲を一段下げ、底板を下からはめ込むのが特徴です。本誌では、段差棒を底部の周囲に接着して、底板を上から落としこむ方法（55、60ページ）や、底板を差し込む溝加工（117ページ）を紹介しています。得意な方法で製作しましょう。

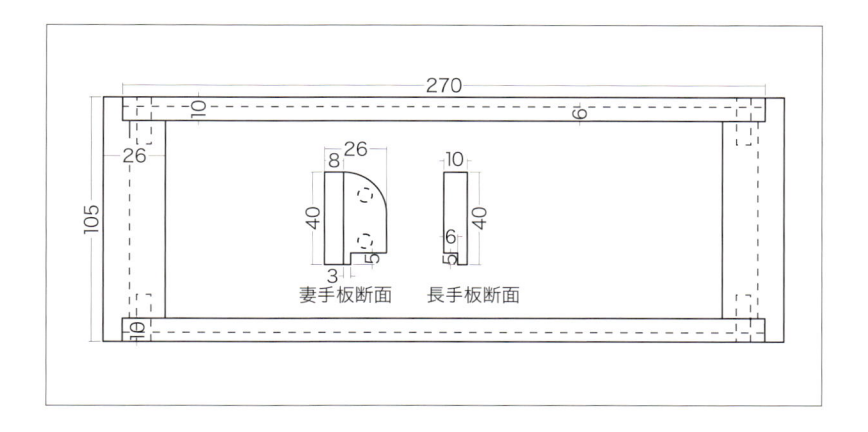

《 作り方 》

▶ 妻手板の制作

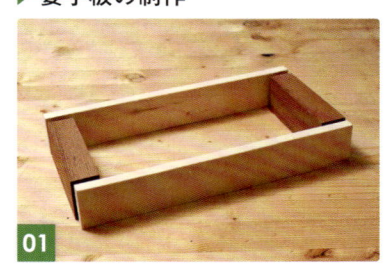

01 写真のような箱になります。

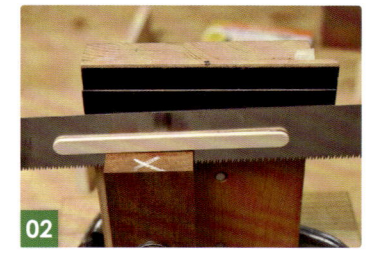

02 妻手板です。厚さ約8mmのスペーサーで切り込みを入れ、包み継ぎを製作します。切り込み量は相手板の厚みの10mmです。×印は不要部分を意味しています。この後、直角ガイドで不要部分を切り落とします。

105

03 型紙で墨線を入れます。

04 底部を段欠きし、底板をはめ込む段差を作ります。10mm程度のスペーサーを使い、底板（3mm合板の予定）の厚みより1〜2mm深く切り込みます。

05 直角ガイドで不要部分を切り落とします。

06 こうしてできた底板の段欠きと包み継ぎの段欠きです。

07 長手板にも底板の段欠きを施します。今回は溝カンナで段欠きしています。加工寸法は妻手板の段欠きに合わせます。ショルダープレーンでも段欠きできます。

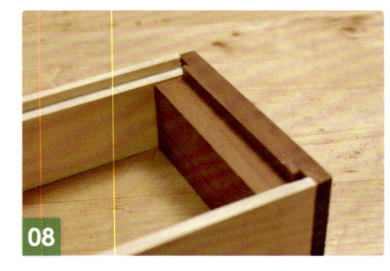

08 仮組みし、段差をチェックしているところです。写真では長手板、妻手板の段差に誤差が生じています。接着時には、部材を少しずらし、この段差をゼロにした状態でクランプします。

09 墨線までブロックプレーンで削ります。「ツートンカラーのトレイ・妻手板の段欠き」で鏡を使うカンナがけが紹介されているので参考にしてください。今回の場合、カンナがけをする前方に鏡を置くと作業が楽になります。

Chapter 4
さまざまな「継ぎ手」を使って
生活小物を作る

10
サンドペーパーで曲面部分を仕上げます。#120のペーパーで凹凸を削り、#400程度で仕上げます。定盤にサンドペーパーの一端を両面テープで貼ります。削り方は、部材を曲面に沿って回転させながら、サンドペーパー上を引きずります。

BASIC TECHNIC

▶ 定盤の利用

写真10で使用した定盤は「西洋カンナ・研ぎ方と道具」（185ページ）に紹介されているものです。今回のサンディングだけでなく、箱の上部や底部を平らに修正する場合にも使えます。

▶ 接着

11
全ての部材に接着剤（木工ボンド）を塗ります。木口部分は水分を吸いやすいので、たっぷり塗ります。

12
内側にはみ出た接着剤は綿棒やペーパータオルなどで拭き取ります。

BASIC TECHNIC

▶ 接着剤の掃除

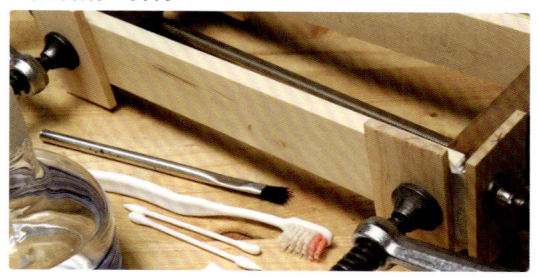

接着剤の拭き取りに使用した道具です。ペーパータオルや綿棒で拭き取り、水をたっぷり含ませた歯ブラシや刷毛で、ゴシゴシと洗い流すようにします。すぐにペーパータオルで水分を拭き取ります。こうしておくと、塗装した時、接着剤がついたところだけニスなどが滲み込まずにムラになることを予防できます。

13
接着後の状態です。内側の接着剤はきれいに掃除されています。また、底板が収まる段差の誤差も、部材を少しずらしたことで修正されています。

14
曲面もきれいに仕上がっています。こちら側に段差が生じているため、長手板を削り、修正します。

15
写真は長手板を修正しているところです。

107

BASIC TECHNIC

▶ **カンナの中心を使う**

前ページの写真15のように幅の狭い材をカンナがけする場合は、材の真上にカンナの中心線を合わせると、作業中にカンナが傾いたりせず安定した作業ができます。大きく面取りする場合も同じです。特に面取りでは、はじめのうち、かなり狭い幅しか削れませんが、カンナの中心線を合わせていると、狭い削り面でもその幅でカンナの底面があたっていることが感じられるようになります。

▶ **ダボ**

16
太さ6mmのチーク材の丸棒をダボとして打ち込みます。6mmの丸棒といっても、実際にノギスで測ってみると±0.2mm程度の誤差はよくあります。それに対し、木工用ドリルビットの太さは0.5〜1mm刻みのサイズしかありません。そこで、より精度を求める場合は、金工用ドリルビットを使いましょう。このビットは0.1mm刻みのサイズがあります。

17
アサリのないノコギリで、ダボを切り落とします。

18
ブロックプレーンで削ってダボの段差をなくします。

19
底板をはめ込みます。

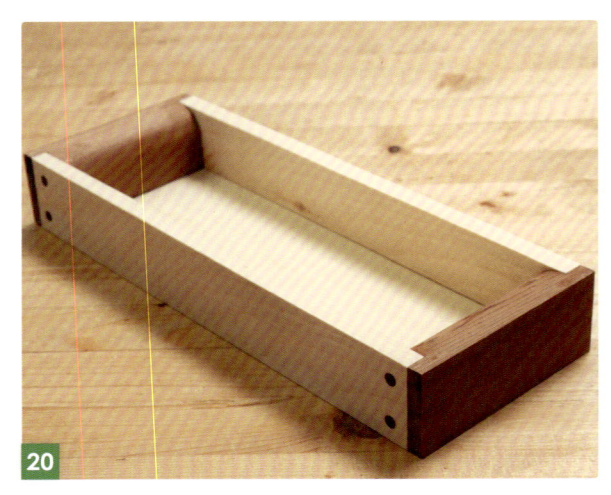

20
周囲を軽く面取りすれば完成です。

Chapter 4
さまざまな「継ぎ手」を使って
生活小物を作る

棚付き額縁

継ぎ手：相欠き継ぎ

小さな棚を設け、そこに花などを飾るちょっと変わった額縁です。
額縁というと中に絵や写真を入れるのが一般的ですが、
この作品は、棚に飾ったものを額縁に入れるという感覚です。

109

構造は相欠き継ぎの額縁と同じなので、製作過程は省きます。大きさも好みで決めましょう。ここで製作した額縁サイズは図の通りです。

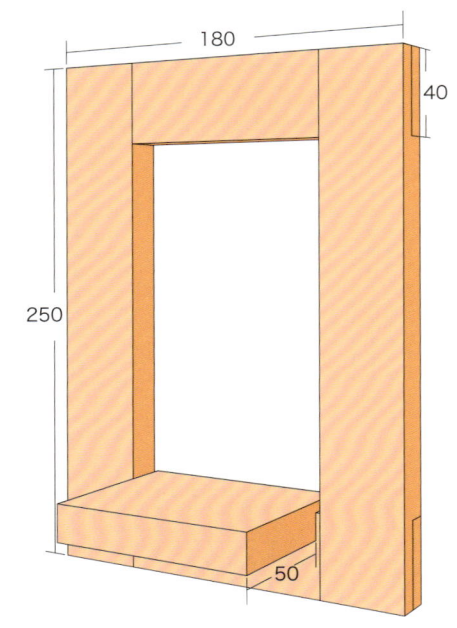

180
40
250
50
単位：mm

《 作り方 》

▶ 棚板の製作

小さい棚板は段欠きして額縁に接着してあります。縦挽きガイドに材を横向きでクランプし、切り込みを入れています。この後、直角ガイドで不要部分を切り落とし、完成させます。

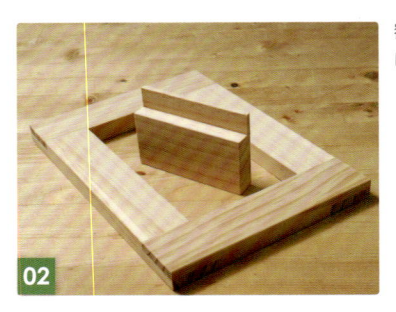

01

額縁と棚板が完成しました。

02

03

棚板に接着剤を塗り、スプリングクランプで固定します。

Chapter4
さまざまな「継ぎ手」を使って
生活小物を作る

▶ 着色

　着色すると、その後でカンナやサンドペーパーがかけられなくなります。生地の状態で目違いを払い（段差修正）、表面を滑らかに仕上げておきましょう。

04
容器に着色剤の粉末を入れ、お湯で溶かして使います。（使用した着色料・製品名：Homestead TransFast Dye Powder/Early American Maple/ www.woodcraft.com）

05
裏面も着色し、乾燥させます。この後、サンディングシーラーを塗り、乾いたらツヤ消しウレタンニスを塗ります。ツヤ消しは、落ち着いたツヤが出て、高級感があります。

▶ 壁掛けフック

06

　額縁の裏側に壁掛けフックを取り付けます。といっても、画びょうで作ってみました。あまり重いものは載せられませんが、針が上を向いた左右各2個の画びょうが壁に刺さります。この画びょうは両面テープで額縁に貼ってありますが、これは壁に刺しやすくするためなので、はがれても大丈夫です。細ひもで輪を作り、両方の画びょうに引っかけてあります。輪の大きさを同じサイズにするため、画びょうケースの蓋に巻きつけて輪を作りました。取り付ける時は、額縁を持ち、壁に向かって突き刺すだけです。

COLUMN

▶ 壁掛け棚

　「壁に掛ける棚」というコンセプトで考えを巡らせると、いろいろなアイデアが出てきます。このような作品もこの本の技術を使えば簡単です。ぜひご自分のアイデアの作品を作ってみてください。

111

角付き額縁
つの

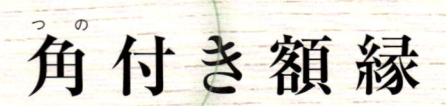

継ぎ手：矩形三枚組み継ぎ

材の切り込みを深くして、角が飛び出ているようにした額縁です。横かまちを着色することで、カラフルな作品に仕上げています。

Chapter 4
さまざまな「継ぎ手」を使って
生活小物を作る

　継ぎ手の基本は矩形三枚組み継ぎです（72ページ参照）。着色した後は、色が落ちてしまうためにカンナやサンドペーパーをかけることができません。そこで、仮組みの段階でカンナがけをして目違い払い（段差修正）をします。

【ツノ付き額縁】

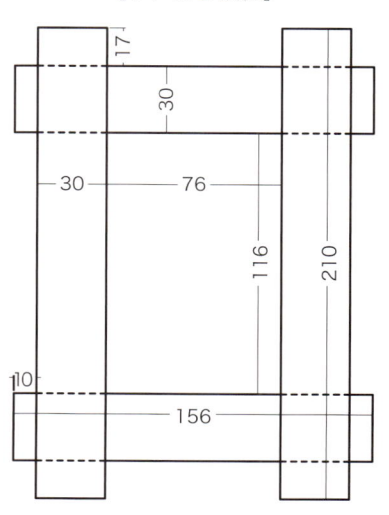

《 作り方 》

01 継ぎの製作方法は矩形三枚組み継ぎと同じですが、切り込む深さは相手板の幅プラス17mmなので合計47mmになります。

02 ホゾも長くなります。相手板の幅プラス10mmで合計40mmです。飛び出た角は外から見える部分なので、サンドペーパーで滑らかに仕上げておきます。着色はこのホゾにします。

03 仮組みした状態でカンナがけをし、目違いを払います。

04 着色剤で横かまちだけ着色します。

05 着色剤が乾いてからサンディングシーラーを塗り、次に塗るニスが木部に吸い込まれるのを防ぎます。乾いてもサンドペーパーをかけることができないので、ていねいに塗ります。

06 仕上げにツヤ消しウレタンニスを塗っています。ツヤ消しの成分が缶の底に沈殿しやすいため、時々かき混ぜながら使いましょう。

引き出し

継ぎ手：追い入れ継ぎ＋包み継ぎ

引き出しは「抽斗」とも書き、物を収納するための箱です。
構造はさまざまで、人によって製作方法が異なります。
ここでは、私がふだん製作する方法を紹介しましょう。

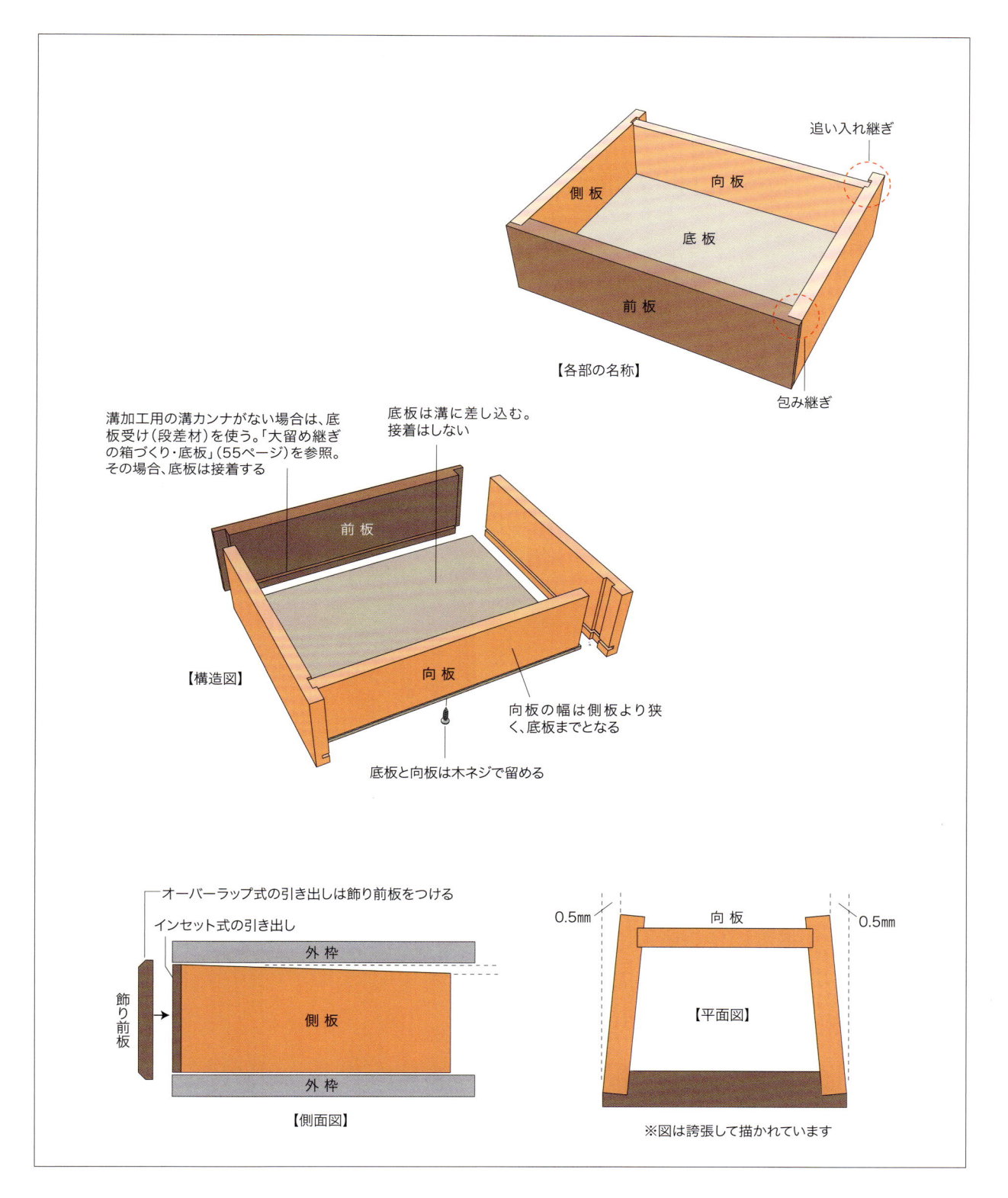

Chapter4
さまざまな「継ぎ手」を使って生活小物を作る

【各部の名称】

- 追い入れ継ぎ
- 側板
- 向板
- 底板
- 前板
- 包み継ぎ

【構造図】

溝加工用の溝カンナがない場合は、底板受け（段差材）を使う。「大留め継ぎの箱づくり・底板」（55ページ）を参照。その場合、底板は接着する

底板は溝に差し込む。接着はしない

前板

向板

向板の幅は側板より狭く、底板までとなる

底板と向板は木ネジで留める

【側面図】

- オーバーラップ式の引き出しは飾り前板をつける
- インセット式の引き出し
- 外枠
- 側板
- 外枠
- 飾り前板

【平面図】

0.5mm　向板　0.5mm

※図は誇張して描かれています

115

▶ 引き出しの種類

側面図を見ると、引き出しにはインセット式とオーバーラップ式の2種類があります。インセット式とは、前板がぴったり収まるタイプのもので、タンスなどに使われます。引き出しを収めた時、周囲の隙間が小さくないと見映えがよくありません。

一方、オーバーラップ式とは、インセット式の前板にひと回り大きい飾り前板を取り付け、引き出し周囲の隙間を隠してしまうタイプのものです。隙間が多少大きくても隠れてしまうので作業が楽です。ここではインセット式の引き出しを製作します。

引き出しを収める外側の枠（箱）は、あられ組み、三枚組み継ぎ、包み継ぎなどで製作してください（写真はアリ継ぎです）。

▶ 引き出しの構造

ここで紹介する引き出しは、包み継ぎと追い入れ継ぎでできています。底板は、前板と側板にある溝に差し込まれています。向板（むこういた）の幅は側板と同じではなく、底板までが板幅になります。こうすると、引き出しの後ろから底板を差し込むことができます。

側面図を見ると、側板はほんのわずか斜めになっています。引き出しをスムーズに出し入れするためで、最後の調整時に必要に応じてカンナで行ないます。はじめからこのように側板を切り出すわけではありません。

平面図を見ると、引き出しは前部より後部が1mm短くなっています。これも出し入れをスムーズにするためです。向板を切り出す時、1mm短く切り出します。こうした方法は、木材が年間を通して収縮と膨張を繰り返すので、確実に出し入れするための安全策です。

《 作り方 》

▶ 前板と側板

右が前板、左が側板です。側板は引き出し完成時、収まり調整のカンナがけで、前板から後ろに向けてカンナがけできるよう、逆目と順目（ならいめ）を見極めて使いましょう。写真の矢印は、カンナがけの方向（順目の方向）を示しています。

前板と側板が、ガタつかずにピッタリ収まるように削り台で調整します。

Chapter4
さまざまな「継ぎ手」を使って
生活小物を作る

▶ 向板

03

前板を段欠きし、包み継ぎができるようにします。段欠きは「包み継ぎの箱づくり」(56ページ)を参照してください。

▶ 底板の溝

04

底板を差し込む溝を溝カンナで製作します。この時、向板の追い入れ溝も製作します。追い入れ溝の製作は、「ノコギリガイドと使い方・追い入れ継ぎの製作」(68ページ)を参照してください。溝カンナがない場合は、段差材(底板受け)を使いましょう(「大留め継ぎの箱づくり・底板」55ページを参照)。

05

溝と追い入れ溝の完成です。

06

向板の長さを決める作業です。前板を利用し、段欠き部を写真のように、追い入れ溝近くに合わせます。こうしておいて、物差しで溝から溝までの距離を測れば、向板の長さを知ることができます。向板を切り出す時は、1mm短く切り出すのを忘れないでください。

07

向板の幅を決めます。向板を追い入れ溝に差し込みます。その時、向板は底板を差し込む溝のところに合わせます。ここが向板の下端です。上端は、側板の上端と同じではなく、1～2mm下がった位置にします。こうしておくと、何段かの引き出し製作で、仕切り部材に向板が引っ掛かることを防止できます。

BASIC TECHNIC

▶ **底板の溝を揃える**

写真07の奥に見える、側板と前板の溝にはめ込まれている小さな板は、溝にややきつく差し込める厚みに加工した、位置合わせ板です。仮組みや接着時にこれを使うと、互いの溝の位置がきちんと揃います。

▶ **接着**

08

接着工程で注意したいことは、引き出し全体のねじれです。ねじれたまま接着剤が固まってしまうと、その後のカンナによる調整がむずかしくなります。そこで、ねじれ防止の板を写真のように固定してから全体にクランプをかけていきます。

09

接着剤を塗り、全体をクランプします。写真の引き出しの深さは60mm程度と浅いのですが、前後方向のクランプは前板上端と下端の2ヵ所にかけています。これを中間の1ヵ所だけにすると、上端と下端で、側板との間に隙間が生じる可能性があります。クランプがけが済んだら、溝に差し込んである位置合わせ板を接着剤が固まる前に外しておきましょう（写真**07**に写っています）。

Chapter4
さまざまな「継ぎ手」を使って
生活小物を作る

▶ カンナがけ

BASIC TECHNIC

底板が厚すぎて溝に収まらない場合は、写真のように周囲を削って修正します。

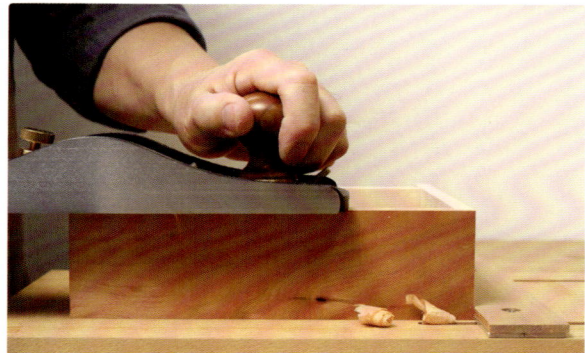

10 全体にカンナがけし、スムーズに出し入れできるように調整します。

▶ 引き出しの長さ修正と底板

11 引き出し後部のはみ出し部分を切り落とします。背板が収まる位置からはみ出し量を測り、切り落とします。

12 底板を差し込み、木ネジで向板に固定すれば完成です。前板と側板の接合部にダボを打ち込むと補強になります（108&159ページ参照）。

119

スモール家具という考え方 ①
引き出し付き飾り台
> 継ぎ手：ホゾ継ぎ＋アリ継ぎ

　写真はフォトフレームなどを置く、引き出し付き飾り台です。左右幅450mm程度のものですが、構造は実物大のテーブルと同じ作りになっています。分解図は引き出しをはずした本体部分の構造を示しています。ホゾ継ぎとアリ継ぎの2種類の継ぎ手でできています。

　構造はそのままで、全体の寸法を変え、足を伸ばせば実物大のベッドサイドテーブルになります。さらに大きくし、引き出しをはずせばテーブルになります。

　このように、家具をスモール家具として製作すると、小物入れとして使えるだけでなく、構造が学べるため、実物大の家具を作るときにおおいに役立ちます。西洋カンナの種類も増え、ノミなどの道具も充実してきたら、このようなスモール家具にも挑戦してみましょう。

Chapter 4
さまざまな「継ぎ手」を使って生活小物を作る

- ホゾ継ぎ
- 天板
- アリ継ぎ
- 幕板
- ランナー
- ガイド
- 上桟
- 幕板
- 引き出しスペース
- 下桟
- 脚
- ホゾ継ぎ

【飾り台分解図】

【ベッドサイドテーブル】

【テーブル】

121

> **< 作り方 >**

▶ 脚の製作

01 脚になる材にホゾ穴をあけるため、ドリルで連続穴をあけています。穴の深さは材の半分です。

02 ホゾ穴は材の内部で出会うことになります。差し込むホゾもかち合うことになるため、ホゾ先を45°に削ります。

03 ノミでホゾ穴を仕上げます。

▶ 幕板の製作

04 写真は左右の幕板に、ホゾの胴付き部（181ページの図にあるショルダー部のこと）の切り込みを入れているところです。直角ガイドにストッパーを固定し、片側の切り込みを入れたら反転し、反対側も同様に切り込みを入れます。ストッパーを固定するだけで、左右同じ寸法で切り込みを入れることができます。同様に後ろの幕板、上桟、下桟も1つのグループとしてまとめて作業しましょう。

05 胴付き部の切り込みは、写真のように材の厚み部分にも少し入れておき、あとで、ノコギリを入れる位置をここで決めておきます。写真は上桟に切り込みを入れているところです。

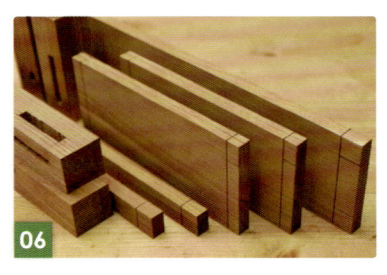

06 全ての材に切り込みが入りました。次はホゾを切り出します。

Chapter4
さまざまな「継ぎ手」を使って
生活小物を作る

07
ホゾをホゾ穴よりやや大きく切り出しておき、調整はショルダープレーンで行なうようにします。そのため、縦挽きガイドと幕板の間にノコ刃や厚紙をはさみ、大き目（厚め）のホゾが切り出せるように調節しています。

08
ホゾが切り出せました。左右の切り落とし部分がやや大きいのは、脚にあけたホゾ穴の位置に関係しています。ホゾ穴を材の端部に近づけすぎると、ノミで加工する際、割れが生じやすくなります。それを防止するため、端部からやや後退したところにホゾ穴をあけています。

▶ **上下桟の製作**

09
下桟にホゾ穴の位置を印します。

10
縦に切り込みを入れます。切り落とせない場合、横の切り込みにノコ刃を入れ、切り落とします。ここで、あらかじめ直角ガイドで入れておいた横の切り込みが生きてきます。

11
ホゾの上面を削り、ホゾ穴に合わせます。

12
写真は上桟の両端をアリ加工しているところです。くさび状のスペーサーを縦挽きガイドに固定し、その傾斜を利用しています。切り込む位置は、材をスペーサーのどの位置に固定するかで決まります。反転して同じ位置に切り込みを入れるためのストッパーも両面テープで固定します。

123

▶ ホゾの修正

13
ショルダープレーンでホゾを修正し、ホゾ穴にぴったり収まるようにします。幕板と脚の接合部に隙間がなくなるまで修正します。時間をかけ、ていねいに作業しましょう。

▶ アリ継ぎ

14
アリ部分も、123ページの写真03のように2mm程度削って段欠きしてから、2本の脚に上桟をのせ、カッターなどで脚にアリ形を写します。(使用しているのは、槍の先端のように両側に刃が付いているタイプで、材の左右両側にあてがって罫書き線を入れることができる便利なものです。(Striking Knife　www.leevalley.com)

15 罫書き線はしっかり入れます。

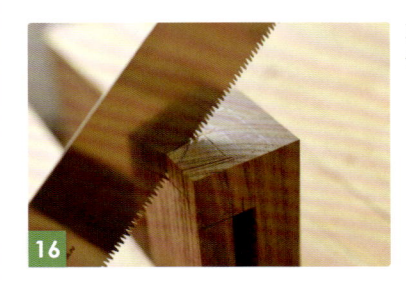

16 次に、罫書き線の内側に切り込みを入れます。

17 ノミで不要部分を取り除きます。

Chapter 4
さまざまな「継ぎ手」を使って
生活小物を作る

18

ここで使用しているノミは、通常のものとフィッシュテールという2種類です。写真のノミはフィッシュテールで、刃先が魚の尾のように広がっていて、狭いコーナーを処理しやすいタイプです（Fishtail Chisel www.miraitokyo.co.jp、またはwww.lie-nielsen.com）。

19

緩くなく、きつくもない噛みあわせに仕上げます。

▶ 天板取り付け用の溝

20

幕板に天板をコマ止めするための溝を加工します。コマ止めは写真のようにコマの片側が少し浮き上がるようにして、天板に固定します（写真は天板の裏面が見えている状態です）。

21

上桟と天板のコマ止めです。フォースナービットで欠き落とした部分にコマを止めています（フォースナービットは「木の自動車」175ページを参照してください）。

▶ 脚のテーパー

22

脚は外側から見える2面がテーパーになっています。直角ガイドを斜めにカットする脚の墨線に合わせます。それと同時に、直角ガイドのストッパーにも材があたるようにし、なおかつ、作業台にもあてがうように直角ガイドをセットすると、8回の繰り返し作業がとても楽になります。注意点は、最初にカットする面とその次にカットする面の順序を決めることです。順序が逆になると、作業がぐっとむずかしくなってしまいます。

23

ブロックプレーンでテーパー部を仕上げます。

▶ 仮組みと接着

24 全体を仮組みし、問題なければ接着剤を塗って組み立て、クランプで固定します。

25 接着剤のはみ出しは、水で濡らした歯ブラシを使い、きれいに掃除しましょう。

26 テーパーになった脚をクランプする時は、切り落とした端材を利用することでクランプが掛けやすくなります。

27 引き出しを受けとめるランナーを左右の幕板に接着します。下桟と段差ができないよう注意して接着しましょう。ガイドは引き出しが完成してから取り付けます。

▶ 天板の製作

28 カンナがけで天板を平らにします。まず、天板材料に物差しをあてがって高い部分(凸部)にチョークで印をつけます。

29 ベンチフック上でジャックプレーンを使い、チョークで印した高い部分を削ります。(使用カンナ:Lie-Nielsen Low Angle Jack Plane)

30 ある程度平らになったら、長いNo.7ジョインタープレーンで全面を平らにします。(使用カンナ:Clifton No.7 Jointer Bench Plane)

Chapter4
さまざまな「継ぎ手」を使って
生活小物を作る

ブロックプレーンやNo.4ベンチプレーンで天板裏面の周囲を斜めに整形します。

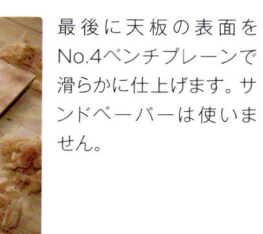

31

最後に天板の表面をNo.4ベンチプレーンで滑らかに仕上げます。サンドペーパーは使いません。

32

▶ ガイドの取り付け

引き出しができたらガイドを接着します。写真のようにショルダープレーンで削りながら、引き出しの収まり具合を調整します。ガイドの長さに注意してください。カンナで削れる範囲でガイドの長さを決めます。

33

▶ 仕上げ

34

平らな場所に置いた時、4本の脚全てが接地せず、ガタが生じることがあります。どこを修正すればいいか見極めたうえで、写真のように、作業台の2ヵ所にサンドペーパーを貼り、2本の脚を削って調整します。

▶ 完 成

35

コマで天板を固定し完成です。今回、引き出しは、前板を包みアリ継ぎで、向板を通しアリ継ぎで製作しましたが、本誌「引き出し」（114ページ）の包み継ぎで製作してもいいでしょう。実物大のテーブル製作にもいつか挑戦してみてください。

127

スモール家具という考え方②
洋タンス風小物入れ

継ぎ手：アリ継ぎ＋追い入れ継ぎ＋相欠き継ぎ

実物の約3分の1の大きさで製作した洋タンス風小物入れです。構造を理解し、技法を身につけることは、実物大の洋タンスの製作につながります。ここでは、製作の要所について説明することにします。

分解図を見てください。本体を構成している天板、底板、側板は通しアリ継ぎと包みアリ継ぎで接合されています。その中に、横仕切りと縦仕切りがあり、大中小7個の引き出しが収まるようになっています。引き出しはオーバーラップ式です。横仕切りは追い入れ継ぎで側板に接合されていますが、一部前面はアリ継ぎになっています。横仕切りは、一枚板ではなく、かまち組みでできた枠構造です。上下にモールディングが付き、台輪には脚がついています。（オーバーラップ式：「引き出しの作り方」115ページ参照）

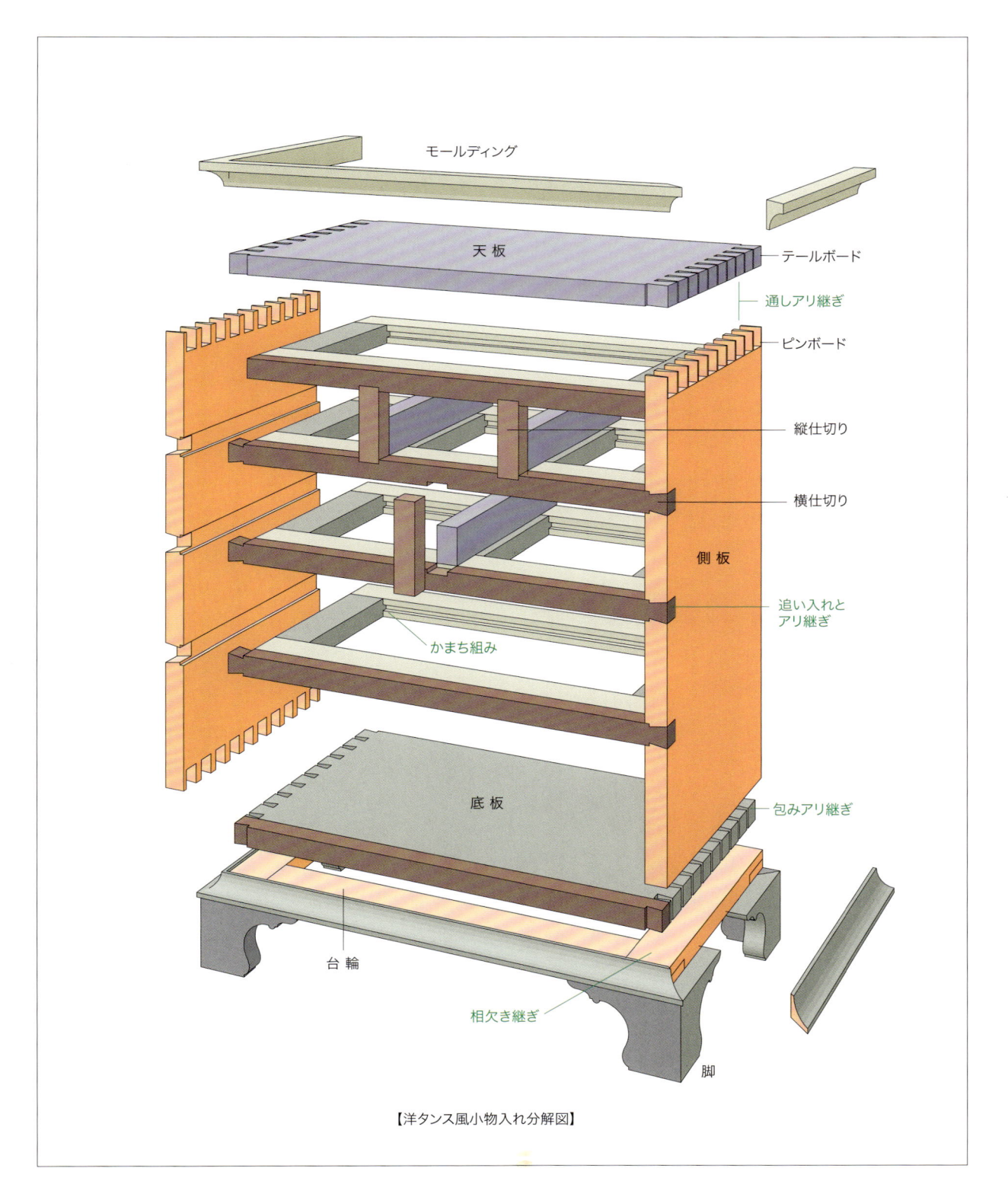

Chapter 4
さまざまな「継ぎ手」を使って生活小物を作る

モールディング

天板

テールボード

通しアリ継ぎ

ピンボード

縦仕切り

横仕切り

側板

追い入れとアリ継ぎ

かまち組み

底板

包みアリ継ぎ

台輪

相欠き継ぎ

脚

【洋タンス風小物入れ分解図】

< 作り方 >

▶ 横仕切りの製作

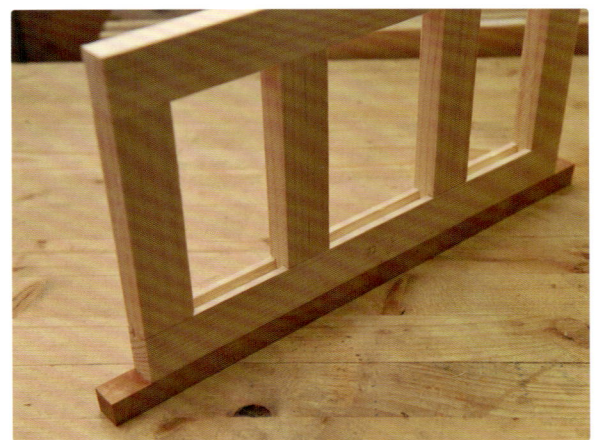

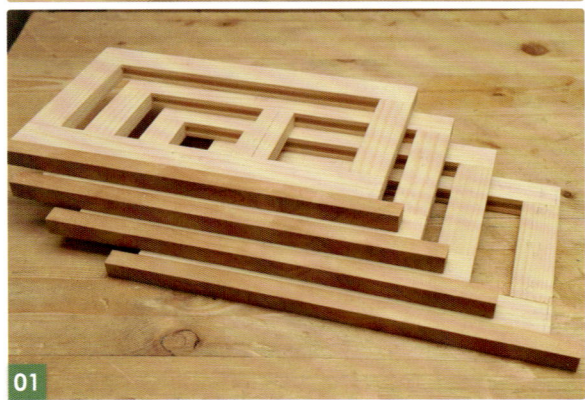

01 溝カンナでかまち組みの溝を加工し、縦挽きガイドでホゾ部を切り出しました。

▶ 本体の製作

02 まず、天板と側板の継ぎ手です。アリ継ぎのテールボードの製作です（アリ継ぎでは、鳥の尾に見える方をテールボードと呼びます）。

03 後部は留め継ぎになります。留め（45°）にカットした部分に背板をはめこむため、段欠きします。

04 でき上がったテールの位置をピンボードに罫書くことから始めて、アリ継ぎを完成させます（アリ継ぎではテールボードの相手板をピンボードと呼びます）。
アリ継ぎ製作の参考資料：DIY ビデオマガジンシリーズ#20「手加工ダブテールジョイント」www.diyna.com/ www.tools.gr.jp

Chapter 4
さまざまな「継ぎ手」を使って
生活小物を作る

▶ 追い入れ溝

05 テールボードとピンボードが完成しました。

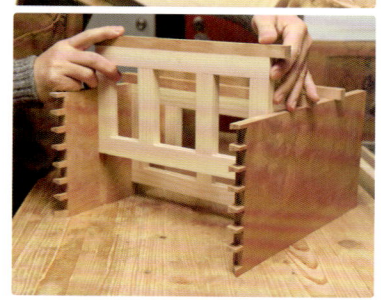

底板と側板の接合は包みアリ継ぎです。ルータープレーンで深さを一定に削ります。

06

07 追い入れ溝に横仕切りを差し込み、噛み合わせを確認します。横仕切りに、縦仕切りの追い入れ溝を加工します。再度仮組みします。

131

▶ 横仕切りのアリ加工

そこに切り込みを入れ、不要部分をノミで落として完成です。

09

▶ 脚の製作

08
横仕切りの両端をアリ加工し、その形状を側板に写します。

10
脚の形状を途中まで切り抜いた状態で材を大留め加工し、接着します。そのあとで、残り部分を切り抜きます。クランプを掛けやすくするための工夫です。

> Chapter4
> さまざまな「継ぎ手」を使って
> 生活小物を作る

▶ モールディング

11 天板周囲にモールディングを接着します。1本ずつ長さを決め、接着していきます。

12 台輪にもモールディングを接着します。

13 脚を台輪に取り付けます。

▶ 台輪完成～完成

14 台輪部分の完成です。

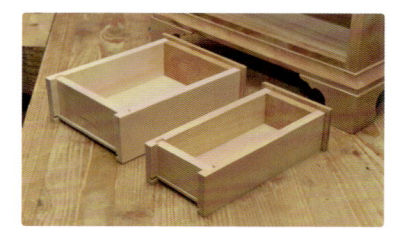

引き出しを製作し、所定の場所に収めます。このあと、背板をはめ込んで完成です。

15

その他のスモール家具
ブランケットチェスト

　ブランケットチェストとは、アメリカの家庭でベッドの足元に置かれている毛布入れのことです。それを約3分の1に縮小して小物入れにしました。フタの開き止めにロープを使ったのは、実物もこのようになっているものがあるためです。

　箱の基本構造は、4枚のかまち組みで構成され、それらは互いに凸凹をかみ合わせる本実継ぎ（ほんざねつぎ）で接合されています。蓋の板は、両端に赤い端ばめがあり、材の反りを防止しています。材料は、赤い部分がパドウクで、白い部分がホワイトアッシュです。

フタの開き止めにはロープを使用。

内部には箱があり、前後の桟の上を左右にスライドします。

Chapter 5
木のぬくもりを生かして
子どもたちの遊具(おもちゃ)を作る

　木のもつぬくもり、やさしい手触りを生かした遊具(おもちゃ)を、子どもたちにも手伝ってもらい、いっしょに作って楽しむのはいかがでしょう。加工しやすい木ですから、アイデア次第でバラエティ豊かな作品作りが可能です。使い込んでいくうちにわが家の家宝となって、思い出とともにずっと受け継がれていくことでしょう。

- 136　絵本棚
- 146　車輪付きおもちゃ箱
- 155　ロッキングホース(揺り木馬)
- 162　遊具ハシゴ
- 166　パズル箱
- 169　3D永久カレンダー
- 174　木の自動車

絵本棚

継ぎ手:追い入れ継ぎ

接着剤を使わない組み立て式の絵本棚を作りましょう。
左右側板と3枚の棚板は「追い入れ継ぎ」で組み上げられていますが、
この部分には接着剤を使わないので、
バラバラに分解できます。

Chapter5
木のぬくもりを生かして
子どもたちの遊具(おもちゃ)を作る

　組み立てた時、全ての部材をしっかり結合させるために、木のボルトとナットを使っているのが特徴です。
　木のネジは、丸棒からスレッドボックスと呼ぶ工具でボルト(雄ネジ)を作り、六角形に切り出した板からタップという工具でナット(雌ネジ)を作ります。この工具は、海外通販で購入できます。

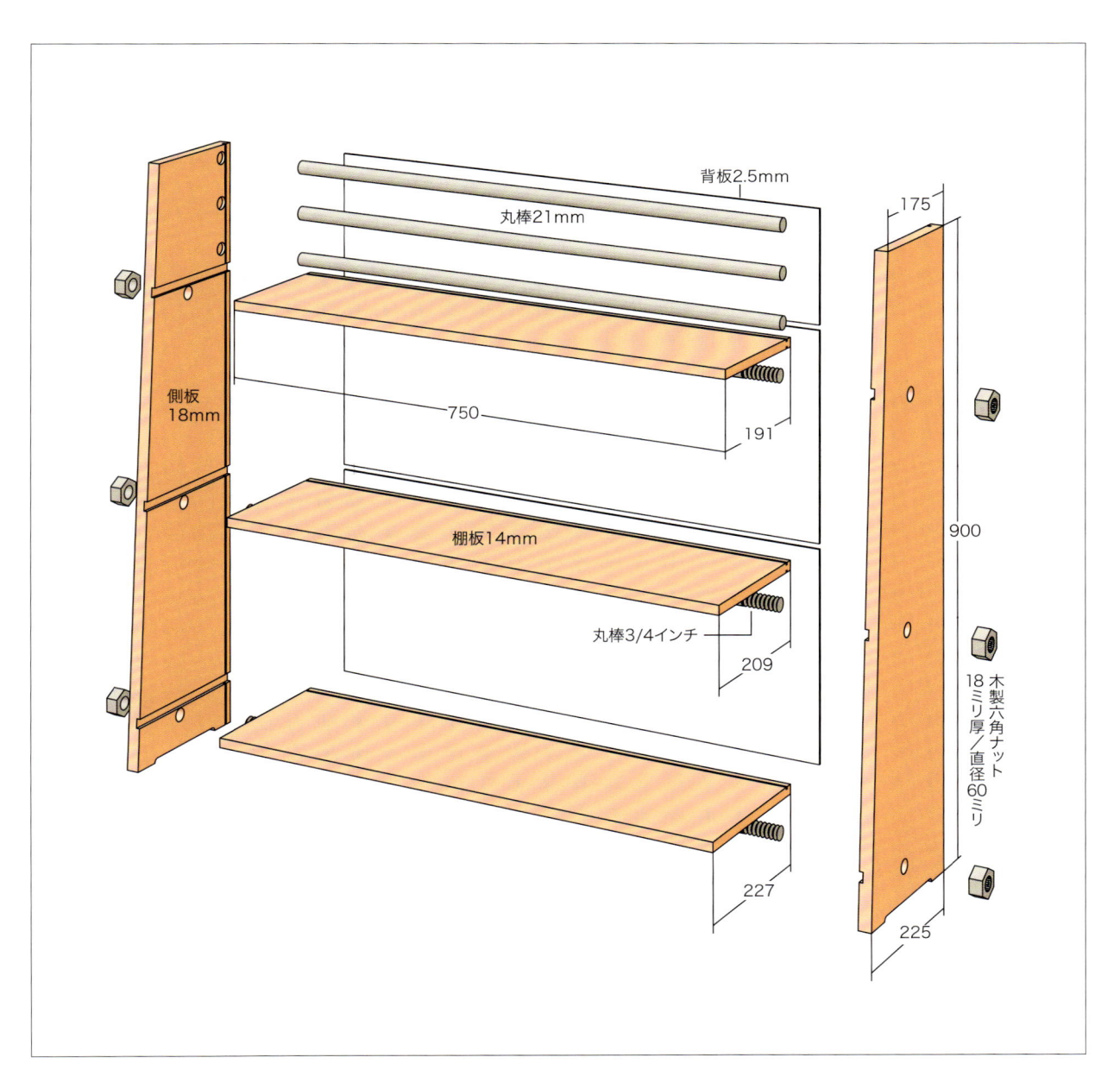

背板2.5mm
丸棒21mm
175
側板18mm
750
191
棚板14mm
丸棒3/4インチ
209
900
木製六角ナット 18ミリ厚／直径60ミリ
227
225

本棚寸法図

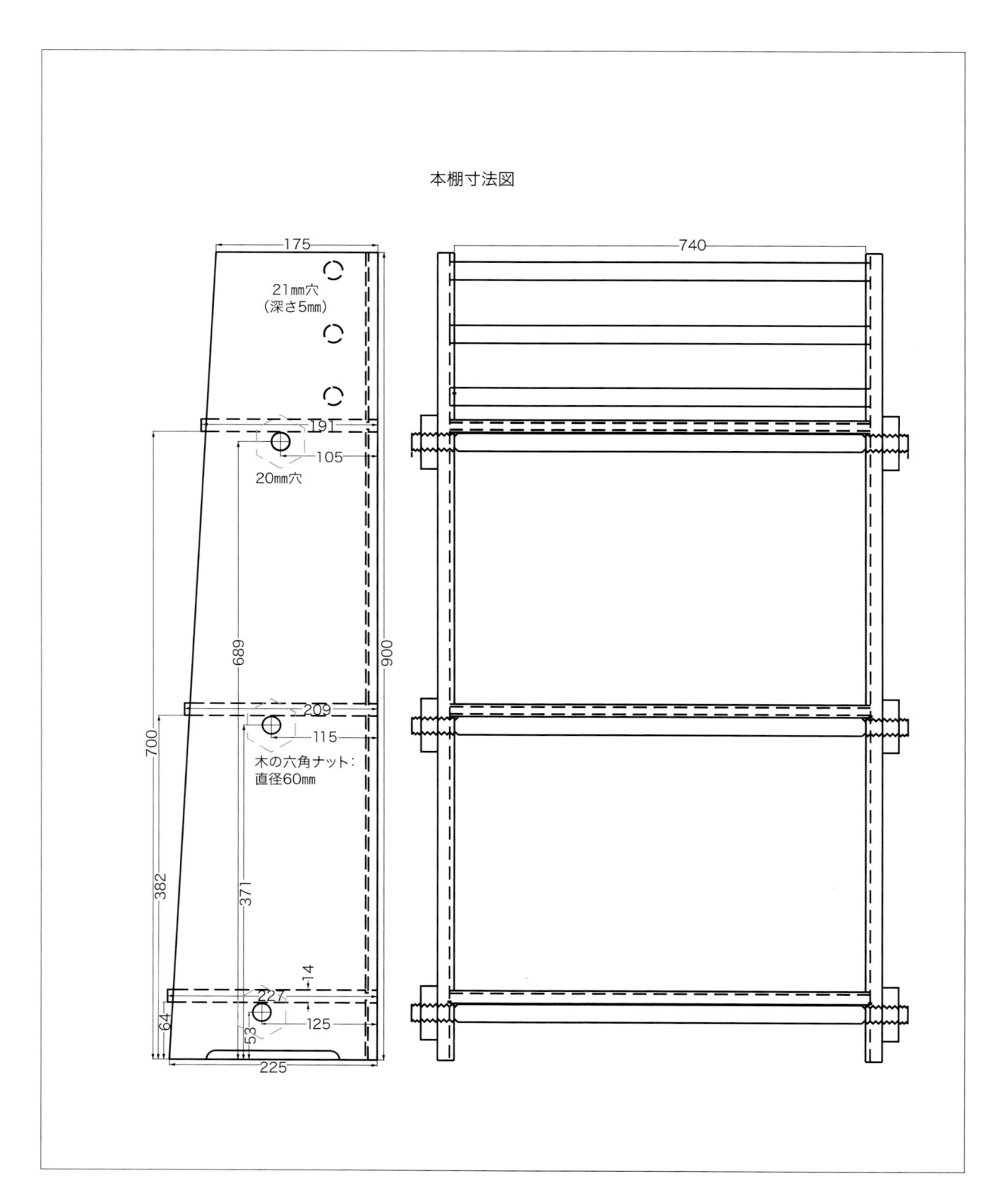

21mm穴
(深さ5mm)

20mm穴

木の六角ナット:
直径60mm

Chapter 5
木のぬくもりを生かして
子どもたちの遊具(おもちゃ)を作る

▶ 手に入れておきたいキット

　アメリカの木工道具通販会社Woodcraft（www.woodcraft.com）で購入したウッドスレディングキット（Woodthreading Kits）。

① スレッドボックス。サイズ（ネジ直径）は3/4インチ（＝19.05㎜）。インチサイズなので、丸棒も直径3/4インチが必要になります。
② のDowel（＝ダボ／丸棒）も購入しておきましょう。
③ はタップ。5/8インチ（約16㎜）の下穴をあけた材に、これでネジ山を切り込んでいきます。
④ も同じタップですが、貫通してない穴の底部までネジを切るためのボトミングタップ（Bottoming tap）。
⑤ できれば3/4インチのドリルビットも購入しておきましょう。先端にトガリの付いたタイプがおすすめ。加工中、丸棒を保持する道具の製作などに使います。

▶ 六角ナットの製作

　六角ナットは6個必要になります。パインなど柔らかめの材のほうがネジを切りやすく、また割れにくいのでおすすめです。材の厚みは18〜25㎜程度です。
　まず、原型になる六角形を作り、そこにマグネットシートを貼ります。ノコ刃をマグネットシートにつけて材を切り出すためです。ここでは六角形の直径を60㎜にしました。

< 作り方 >

▶ 原型になる六角形を作る

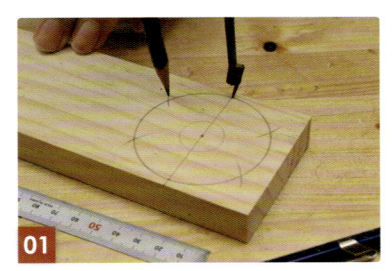

01 写真のように、材に六角形を描きます（円の半径に設定したコンパスで円周上に6つの頂点を取り、結んでください）。

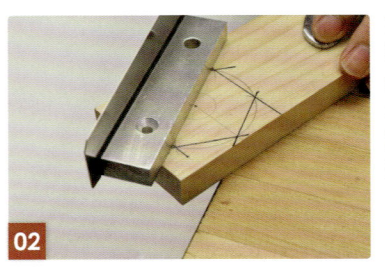

02 アルミ角棒にマグネットシートを貼ったガイドで、六角形の一辺を切っているところです。ガイドは両面テープで材に固定してあります。

03 原型になる六角形を切り出したところです。

04 六角形の周囲にマグネットシートを貼ります。

05 中心にクギが通る穴をあけます。

▶ 六角形を量産する

06 六角形の原型に両面テープを貼ります。

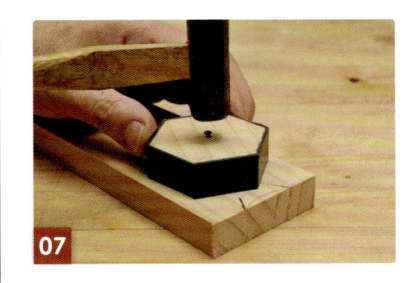

07 材に原型を貼り、クギを途中まで打ちます。

08 ノコギリをマグネットシートにつけて材を切ります。この作業を繰り返し、六角形の複製を量産します。

09 ヤットコなどでクギを抜き、バターナイフを一体化している2つの六角形の間に差し込み、両面テープをはがせば複製の出来上がり。6個必要ですが、1、2個予備も作っておきましょう。

Chapter5
**木のぬくもりを生かして
子どもたちの遊具(おもちゃ)を作る**

10 16mmまたは5/8インチのドリルで複製に下穴をあけます。雌ネジ加工では、ネジサイズより小さい下穴をあけ、そこにタップでネジを切ります(雄ネジ加工では、ネジサイズと同じ太さの丸棒にネジ山を切ります)。

11 タップを下穴に差し込み、ゆっくり右に回して雌ネジを切ります。半回転したら1/4回転戻し、再び半回転することを繰り返しながらネジを完成させます。

▶ 側板の製作

12 ホームセンターなどで切ってもらった側板を2枚合わせてみます。寸法に誤差があれば、2枚をクランプしたまま、カンナで修正します。写真はブロックプレーンで段差を修正しているところです。

13 次にジャックプレーンで仕上げます。

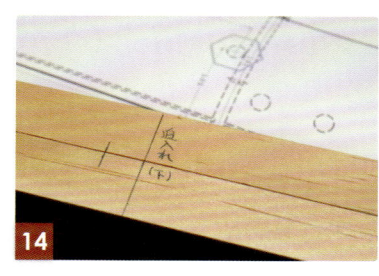

14 側板の背部分に、追い入れ継ぎの溝位置とその下の丸棒位置を印します。

▶ 追い入れ溝の製作

15 2本のノコギリガイドで棚板をはさみ、追い入れ溝の幅を決め、ノコギリで切り込みを入れていく過程です。まず、サシガネを使い、側板の背から直角にノコギリガイドを固定します。

16 切り込みの深さ5mmのところにストッパーを貼ったノコギリ。2つのノコギリを使うと作業が楽になります。

17 そのノコギリで切り込みを入れます。

18 棚板をもう1つのアルミガイドではさみます。

19 棚板を外します。これで追い入れ溝の幅が決まります。

20 深さ5mmの切り込みを入れます。

21 2つのノコギリガイドを外すと、2本の切り込みが見えます。

22 同じノコギリで数本の切り込みを入れることで、この後の溝加工をしやすくしています。

23 数本の切り込みを入れずに、ノミと木ヅチで大まかに溝加工することも可能です。

Chapter5
木のぬくもりを生かして
子どもたちの遊具（おもちゃ）を作る

背板をはめ込む溝の加工

24 ルータープレーンで溝の深さを5mmに仕上げているところ。

25 追い入れ溝の完成。

26 棚板がきつすぎて溝に入らない場合は、カンナで棚板の端部近くを少し削って調整します。

27 ぴったりした追い入れ継ぎになりました。

28 背板をはめ込む溝を、溝カンナで製作します。背板の厚みは2.5mm程度なので、3mm幅の刃を付け、深さ5mmの溝にします。写真のように何度も溝カンナを通すことで徐々に深くしていきます。カンナのストッパーの深さを5mmに設定して作業します。

29 溝が完成したところ。追い入れ溝と同じ5mmの深さになりました。

30 棚板にも、写真のように背板を差し込む溝を製作します。側板と異なり、棚板の厚みは14mmなので、溝の深さは3mmにとどめます。上段、中段の棚板は両面に溝加工します。溝カンナのフェンスから刃までの距離設定はそのままに、カンナのストッパーの深さを3mmに設定して作業を始めます。

▶ 穴をあける

ドリルスタンドやボール盤を使い、垂直に穴をあけます。貫通させる穴とそうでない穴があり、穴のサイズも2種類あるので注意して作業してください。

31

貫通穴をあける時は、下に端材板を敷きます。こうすると、出口側の穴の周囲に割れが生じることなくきれいに処理できます。

32

側板がほぼ完成したところ。

33

側板下端の一部を糸ノコで切り落としているところ。こうすると座りがよくなります。

34

BASIC TECHNIC

ドリルチャックにドリルビットを取り付けているところです。一般的な三つ爪ドリルチャックといい、キーを差し込む穴が3ヵ所あります。必ず3ヵ所の穴にキーを差し込んで締め付けます。また、ドリルスタンドは手持ちドリルの首部分を利用して取り付けるようにできています。首の太さは数種類あるので、購入時はサイズを確認しましょう。写真は、マキタのドリルスタンドにボッシュのドリルが付いています。また、卓上ボール盤と呼ばれるモーターとスタンドが一体に作られているものもあり、加工精度が高く、モーター音がとても静かです。ドリルスタンドもボール盤も、材に垂直に穴をあけることができる便利な道具です。

Chapter5
木のぬくもりを生かして
子どもたちの遊具（おもちゃ）を作る

▶ 雄ネジの製作と組み立て

35　所定の長さに丸棒を切り揃えます。直角ガイドを写真のように使えば丸棒も切ることができます。

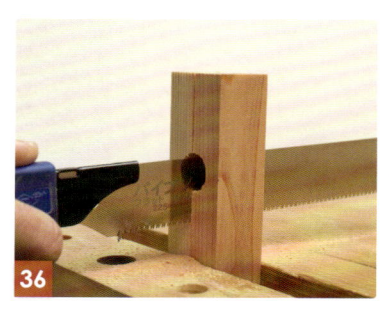

36　3/4インチの丸棒をしっかり保持する丸棒保持具を作ります。3/4インチの穴をあけた角棒にノコギリで切り込みを入れます。

37　丸棒保持具に丸棒を通し、バイスなどで固定します。丸棒にスレッドボックスをかぶせ、ゆっくり右に回してネジを切ります。スレッドボックスの内部にはV字型の刃が仕込まれており、それがネジ山を切っていきます。

38　仮組みした状態で、背板が入る部分を採寸します。背板は2.5mm程度の白ブラ板（白い合板）を使います。溝に差し込むノリシロのような部分も計算に入れた大きさにすることを忘れないでください。この時、上段の棚にある3本の丸棒の長さも採寸しておきましょう。

39　カンナで背板寸法の微調整を行ないます。ここではブロックプレーンを使っています。

40　全体を組み上げて完成です。

車輪付きおもちゃ箱

継ぎ手:あられ組み

車輪を取り付けたおもちゃの収納箱を作りましょう。
箱は、あられ組み（組み継ぎともいう）という丈夫な継ぎ手でできていて、
底板の下に車軸が通っています。

Chapter5
木のぬくもりを生かして
子どもたちの遊具(おもちゃ)を作る

　木製の車輪と車軸の取り付けは、ボルトとナットのように雄ネジと雌ネジが切ってあり、接着剤で固定しました。これは、耐久性を高めるための構造です。

　あられ組み加工はやや高度な技術ですが、挑戦してみましょう。これをマスターすれば、キャビネットなどさまざまな箱物の製作に応用できます。主な道具として、「絵本棚」製作(139ページ)で使用したネジ切り工具のほか、糸ノコとノミ、そしてコーナークランプ2個が必要になります。

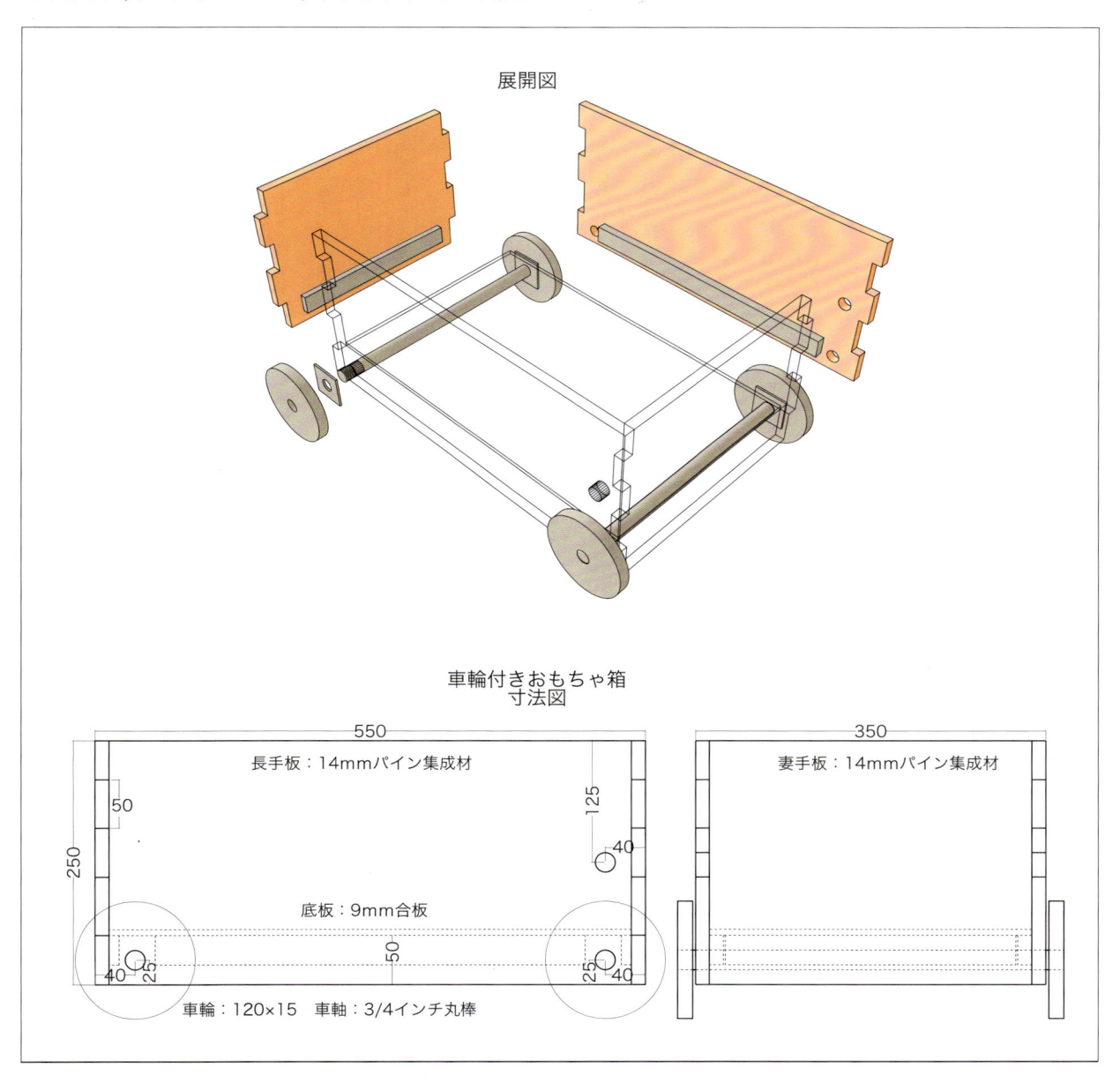

展開図

車輪付きおもちゃ箱
寸法図

550
長手板：14mmパイン集成材
50
125
250
40
底板：9mm合板
50
40 25　　　　　25 40
車輪：120×15　車軸：3/4インチ丸棒

350
妻手板：14mmパイン集成材

< 作り方 >

▶ ノコ刃スペーサーの自作

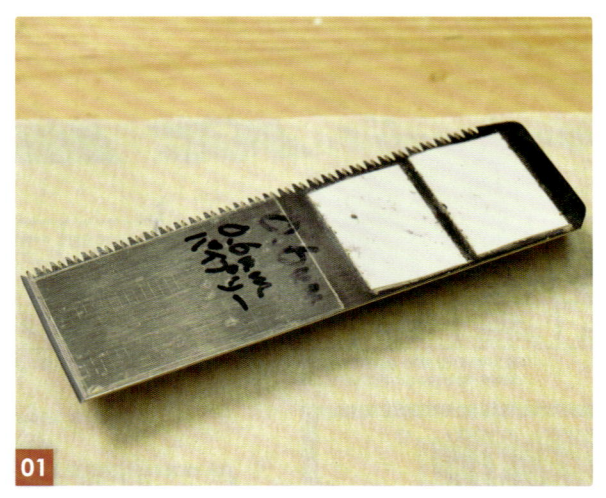

01

写真は、あられ組み製作に使うノコ刃スペーサーです。普段使用するノコギリの切れなくなった替刃を使い、自作しました。後ほど使い方を紹介しますが、これがあるかないかで加工精度が大きく違ってきます。ぜひ自作してください。

02

万能バサミで10cm程度にカットした替刃の端を#120程度のサンドペーパーで削り、刃にします。片面のみ削り、ノミやカンナの刃のように片刃にします。削った面に白いビニールテープを貼り、どちらの面か分かるようにします。また、先端から50mmところまで梱包用の透明テープが2枚重ねて貼ってあります。透明テープの代わりに白以外のビニールテープでもかまいません。このテープはあられ組みを加工した後、噛み合わせた際のきつさ・緩さを調節するためです。テープが厚すぎると噛み合わせはきつくなっていきます。

▶ ノコギリガイドの自作

03

写真のノコギリガイドは、あられ組み加工をする時に、材の木口面（年輪が見える断面）に対して、ノコ刃を垂直に切り込むための案内役です。2本の角材を直角に接着した簡単な構造です。スコヤを使い、角度を合わせながら製作してください。

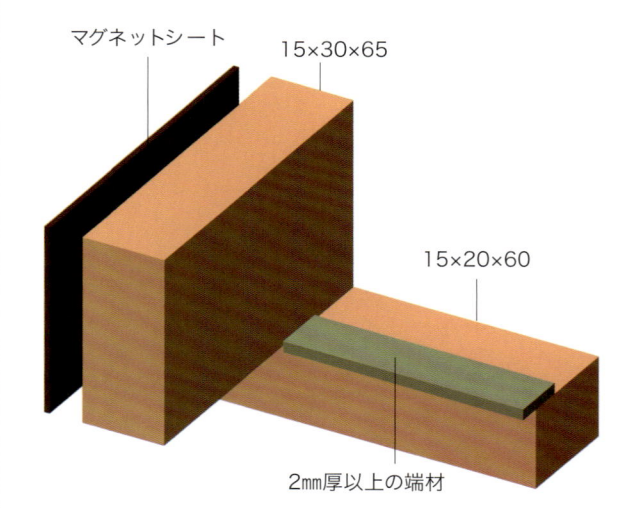

マグネットシート　15×30×65

15×20×60

2mm厚以上の端材

Chapter5
木のぬくもりを生かして
子どもたちの遊具(おもちゃ)を作る

[あられ組みの手順]

▶ 長手板の製作

04 所定の位置に20mmの穴をあけ、全ての材の両端に板の厚みを罫書きします。これをベースラインと呼びます。

05 長手板は途中まで2枚重ねて製作します。この板の四隅はあられ組みの凸部になります。妻手板はその逆で、凹部になります。まず、長手板から作ります。幅250mmの板なので、50mmで五分割し、分割線を引きます。

06 端から○×印をつけていきます。○印は残す部分、×印は切り落とす部分を意味しています。長手板は両端が○印になります。

07 ノコギリガイドを使い、分割線のところで切り込みます。切り込み深さはベースラインまでです。

08 ×印部分を糸ノコで大まかに切り落とします。

149

09

ノミでベースラインに沿って仕上げます。ノミをいきなりベースラインにあてがうのではなく、不要部分がベースラインから1mmぐらいになるまで、徐々に削り落としていき、最後にノミをベースラインにあてて仕上げます。ノミで削り落とす時は、材の厚みの途中までにします。残りは材を反転し、同じ作業を行ないます。こうすれば、どちらの面もベースラインできれいに仕上げることができ、削り過ぎることがありません。また、削る時は、材の厚みの中央付近をくぼませ、ややV字状の溝にするのがコツです。こうすると噛み合わせ部分が隙間なく、きれいになります。

▶ 妻手板の製作

10

ここから先、妻手板の製作は慎重に行なってください。妻手板を縦にします。コーナークランプを使い、すでに製作した長手板を写真のように乗せます。妻手板と長手板の関係は、ちょうど体操の時間の「気をつけ、前へならえ」のように、まっすぐ前に腕を伸ばした状態にします。つまり、2材は一直線上に位置するように正確に合わせます。そうしないと、でき上がった箱がよじれたものになり、修正がむずかしくなります。

11

カッターナイフなどで、上に乗っている長手板の凹凸を妻手板に罫書きして写します。写し終わったら、ここにも○×印をつけます。長手板とは逆の印になります。

▶ ノコ刃スペーサーを使う

12

材に印した○印は残す部分です。ノコ刃スペーサーを罫書き線に合わせる時、白いビニールテープを貼った面は○印の外側に向けます。写真では外側に向いているため、ビニールテープは見えません。白いビニールテープは○印の外側に必ず向けて作業してください。

13

ノコ刃スペーサーにノコギリガイドをつけます。ノコ刃スペーサーはいつも右手で持ち、ノコギリガイドは左手で持ちます（左利きの方は逆になります）。

Chapter5
木のぬくもりを生かして
子どもたちの遊具（おもちゃ）を作る

14 ノコ刃スペーサーを外し、代わりにノコギリをあてがい、ベースラインまで切り込みます。

15 次の罫書き線にノコ刃スペーサーを合わせる時も、白いビニールテープ面を○印の外側に向けます。写真ではビニールテープが見えています。

16 ノコギリガイドをノコ刃スペーサーにつけます。

17 ノコ刃スペーサーを外し、代わりにノコギリをあてがい、ベースラインまで切り込みます。同様にこの作業をくり返します。

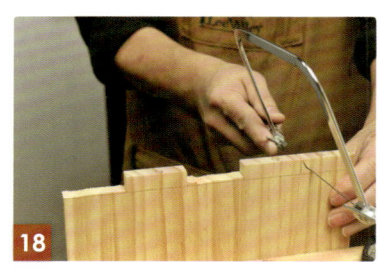

18 ×印部分を糸ノコで大まかに切り落とします。

19 長手板の場合と同様、ノミで仕上げます。

20 仮組みして噛み合わせ部をチェックします。

151

接着します。あられ組みの噛み合う面全てに木工ボンドを塗り、クランプで縦方向、横方向からしっかり締め付けます。2つの対角線にメジャーを渡し、長さを測ります。同じ寸法なら箱は直角ですが、そうでない場合は対角線にクランプをかけ、直角になるよう修正します。これで一晩おきましょう。

21

ここで使用したクランプにパイプクランプというものがあります。写真の赤い部分のみ市販されていて、パイプは水道管などを必要な長さに切って使うタイプのクランプです。海外通販および国内のホームセンターなどで入手できます。パイプにネジを切らないと取り付けられないタイプや、ネジを切らずに取り付けられるタイプがあります。写真は後者のネジ不要タイプです。

22

23 接着剤が固まったら、接合部の段差をカンナで仕上げます。

BASIC TECHNIC

【木口を上から見た図】

長手板

○	×	○	×	○
×	○	×	○	×

けがき線　　妻手板

ここで解説したあられ組みの製作方法以外に、もう1つの方法があります。それは、はじめに、長手板と妻手板を、木口を揃えて2枚重ね、図のようにケビキで50mm間隔で罫書きします。同時に○×印を入れます。この後、1枚ずつ今回と同様にノコ刃スペーサーを使って製作する方法です（「パズル箱」167ページ参照）。今回の妻手板と長手板をコーナークランプで固定する方法は、あられ組みの次にある、アリ継ぎの製作を見据えた手法です。アリ継ぎは、さらに丈夫で美しい継ぎ手といわれていますので、いつか挑戦してください。製作方法は、「DIYビデオマガジンシリーズ#20・手加工ダブテールジョイント」というDVDでも紹介されています（http://www.mirai-tokyo.co.jp）。

▶ 底板を取付ける準備

24

底板は上から落とし込むタイプなので、それを受け止める段差材を内側周囲に取り付けます。箱の下から50mmのところに墨線を引き、それに沿って適当な太さの角材をネジ留めします。ここでは幅40mm×厚み10〜14mm程度の角棒を使いました。車軸が通る部分を避けて取り付けましょう。

▶ ダボを打つ

25 ダボ（=丸棒）を打って、あられ組みを補強します。

152

Chapter 5
木のぬくもりを生かして
子どもたちの遊具(おもちゃ)を作る

26 ダボの太さは4mmの丸棒を30mmに切って使います。ノギスで測ると太さは3.8mmなので、ドリルビットも同径にしました。

27 作業手順として、穴あけ位置にポンチを打ち、くぼみを作ります(ポンチは先端が尖った鉄棒で、金属に穴をあける際、ドリル先端が穴あけ位置からずれないようにするための道具。金ヅチで1回だけ叩いて使います)。

28 ドリルビットで下穴をあけます。ドリルビットには、深さの目安を示すビニールテープが巻いてあります。金工用と木工用がありますが、ここでは金工用を使っています。

29 下穴に木工ボンドのボトルのノズルを押し付け、ボンドを圧入します。その後、ダボを打ち込みます。

30 接着剤が固まったら、ノコギリで根元から切り落とします。ノコギリはアサリのないものを使いましょう。材に傷がつきません。

31 箱の周囲を少し大きめに面取りしましょう。

▶ 車輪と車軸の取り付け

32 直径120mm×厚さ15mmの板は、ホームセンターで購入したものです。入手できない場合は、太いテーブル脚を輪切りにして使うのもアイデアです。円盤と丸棒には3/4インチの雌ネジと雄ネジが切ってあり、緩まないよう接着します。

BASIC TECHNIC

33 円の中心を求める簡単な道具を作ります。端材板に留め定規で2本の線を引き、直角にします。

34 直角ガイドでこの部分を切り落とします。

35 留め定規を直角部分にあてがい、細い棒(ここではアイススティック)を両面テープで固定すれば完成です。

36 円盤の周囲にこの道具をあてがって線を引けば、中心が求められます。12時、3時、6時、9時の位置で線を引けば、精度が向上します。

37 円盤の中心に16mmの穴をあけ、雌ネジの下穴にします。

> **BASIC TECHNIC** 
> 使用しているドリルビットは木工用です。木工用には先端が写真のように単に尖っているだけのものと、木ネジのようになっているものの2種類があります。木ネジのようになっていると、材にめり込んで深さ調節がしにくいため、写真のタイプのどちらかを選びましょう。左のビットの方が、縦にも刃がついているため穴の周囲がきれいに仕上がります。

38 雄ネジを切ります。

39 ワッシャです。50×50×2mmのMDF板に、20mmの穴をあけてあります。これは車輪と箱本体の間に位置するように配置し、車輪と箱が直接触れて擦れないようにするのが目的です。

40 車輪と車軸全体を組み上げます。仮組みして不具合がないことを確認してから、ネジ部に接着剤をつけ、車輪と車軸を固定します。

41 底板を落とし込み、箱の内側に取り付けた段差材にネジ留めします。これで完成です。

Chapter 5
木のぬくもりを生かして
子どもたちの遊具（おもちゃ）を作る

ロッキングホース（揺り木馬）

継ぎ手：ホゾ継ぎ＋ダボ継ぎ

ロッキングホースを作りましょう。
ホゾ継ぎやダボ継ぎといった継ぎ手を適材適所に使うことで、
構造が単純化され、軽量でしかも強度の高い作品になっています。

この作品は、ホゾ継ぎとダボ継ぎが使われていますが、全てダボ継ぎだけで作ることもできます。その場合は、ホゾ継ぎの部分をダボ継ぎに置き換えてください。

　材はホワイトアッシュとパインの集成材を使いましたが、パイン集成材から全ての部材を切り出すのもいいでしょう。

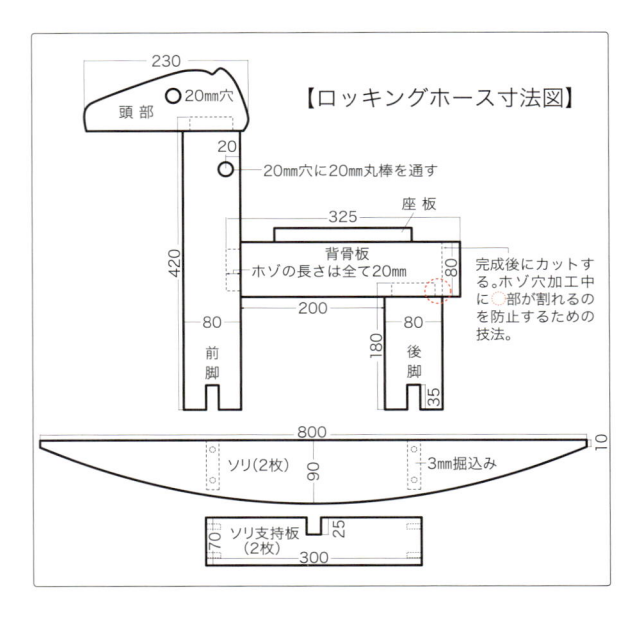

【ロッキングホース寸法図】

- 230
- 20mm穴
- 頭部
- 20
- 20mm穴に20mm丸棒を通す
- 座板 325
- 背骨板　ホゾの長さは全て20mm
- 420
- 完成後にカットする。ホゾ穴加工中に○部が割れるのを防止するための技法。
- 80　200　80
- 前脚　180　後脚
- 35
- 800
- ソリ（2枚）　90　3mm掘込み
- 10
- ソリ支持板（2枚）　170　25　300

[ホゾ継ぎの手順]

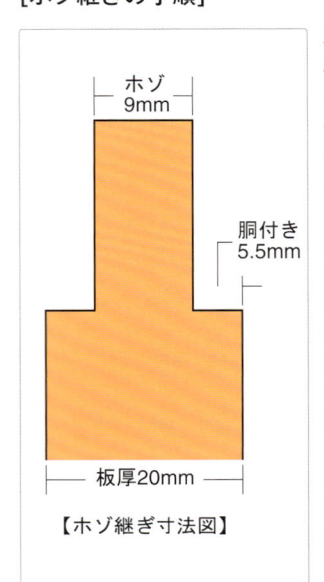

【ホゾ継ぎ寸法図】
- ホゾ 9mm
- 胴付き 5.5mm
- 板厚 20mm

　ホゾ継ぎの場合、一般的に材の厚みを三等分し、それをホゾ穴とホゾにします。ホゾ穴の加工にはノミを使うため、三等分の寸法に近い刃幅のノミを使いましょう。ノミの刃幅と同じ幅のホゾ穴をあけるのが普通です。私の場合は材の厚みを二等分し、その寸法をホゾ穴にしていますが、やはり私もノミの刃幅を優先しています。この作品では、材の厚みが20mmなのでその半分の10mmを基準としましたが、ノミの刃幅が9mmなので、それを優先しています。したがって寸法は、左のホゾ継ぎ寸法図のようになります。図の胴付きとは、ホゾ周囲の平らな部分をいいます。まずはホゾ穴からあけ、それに合わせるようホゾを製作します。

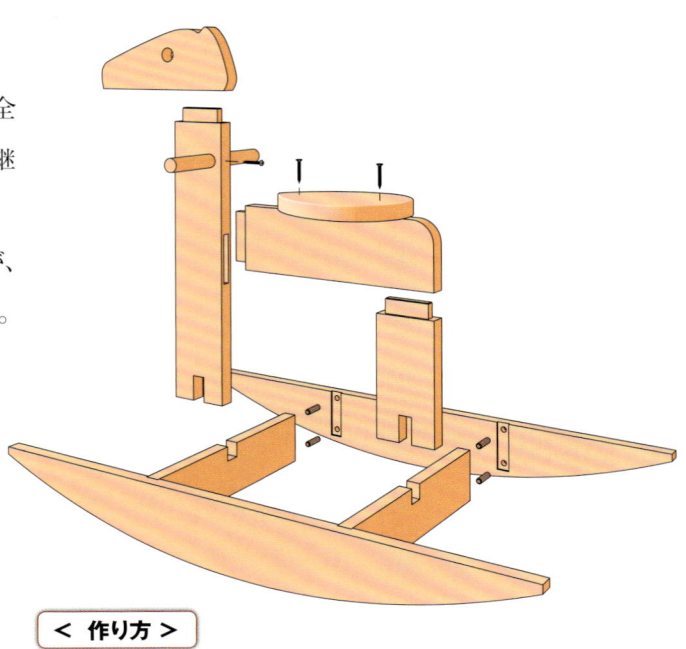

＜作り方＞

▶ホゾ穴の製作

01

　ホゾ穴は、ドリルで大まかに穴をあけた後にノミで整形します。ノミの刃幅と同じサイズのドリルビットで、まずはホゾ穴の両端に穴をあけ、その間を順に、飛石状にあけていきます（穴の間隔はドリルビットの直径より狭くします）。深さは25mm程度です。その後、飛石の間にも穴をあけて穴をつなげます。こうしておけば、この後のノミを使う作業が楽になります。

02

　ホゾ穴の両端にノミを入れます。ここで使用しているノミ（Mortise Chisel 3/8インチ　アメリカ製／Lie Nielsen Tool Works. www.lie-nielsen.com）はホゾ穴専用です。ノミの刃を横に輪切りにした断面の形状は、一般的には台形で後部は刃幅より狭くなっていますが、このノミは長方形になっていて前後の幅が同じです。このことが、後で威力を発揮します。

Chapter5
木のぬくもりを生かして
子どもたちの遊具(おもちゃ)を作る

上の写真はノミを叩き込んだ状態です。刃先はホゾ穴の底に達しています。続いて、叩き込んだノミをそのまま傾けていきます（下の写真）。傾けられるところまで傾けることで、ドリルによって波状になっているホゾ穴の壁が、平らに削り取られていきます。こうして、一気に不要部分がなくなり、完成に近づきます。これはノミの断面が長方形で、刃幅と後部が同じ寸法であることが役立っているからです。

03

反対部分も同様に加工します。すると下の図のようになり、残るのは三角形の不要部分だけとなるので、作業時間も短く楽に加工できます。

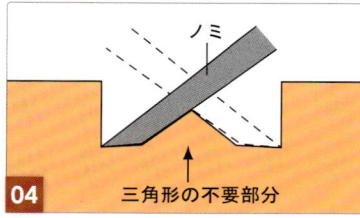

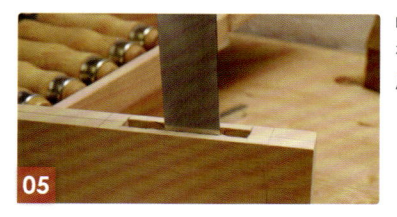

04 ノミ／三角形の不要部分

幅の広いノミで内部の壁を整え、細いノミで削り屑を掻き出します。

05

ホゾ穴の完成です。

06

▶ ホゾの製作

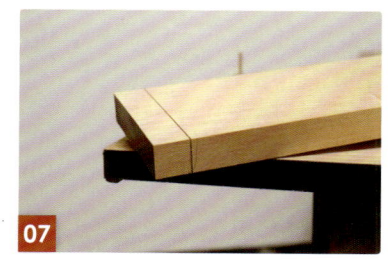

ホゾの根元周囲（胴付き部）に、写真のような切り込みを入れておいてから、縦挽きガイドでホゾ加工します。

07

ノコギリの切り込みの深さを5.5mmに設定し、切り込みを入れます。この後、材を反転して反対側にも切り込みを入れる必要があるため、直角ガイドに付けた臨時のストッパーで正確な位置決めをしています。

08

材を外す前に、ノコ刃を縦にして、材の厚み部分にも切り込みを入れておきます。

09

材の周囲に切り込みが入りました。

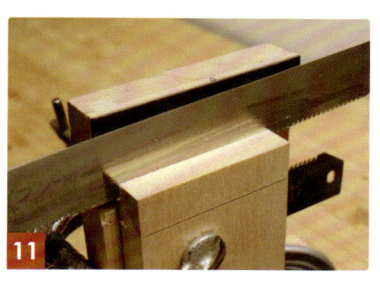

10

5mmのスペーサーを使い、縦挽きガイドで切り込みを入れます。写真では、補正のためにノコ刃スペーサーがはさんであるのが分かります。補正しないとホゾが薄くなり、ガタが生じる恐れがあるためです。

11

12 材の両側の不要部分を切り落としたところです。

13 ホゾをホゾ穴にあてがい、長さを決めます。

14 ノコギリガイドを使い、縦に切り込みを入れます（ノコギリガイドについては「車輪付きおもちゃ箱」148ページ参照）。

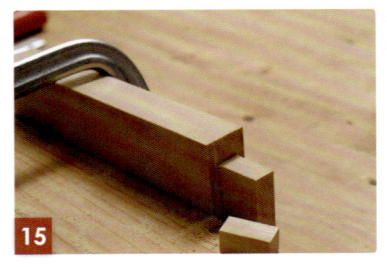

15 不要部分を切り落とした後は、微調整をします。

16 ホゾのチーク部分をカンナで削り、調整します。鉛筆で縞模様を描くことで、削る量を見て確認できます（ホゾのチーク部は「西洋カンナ・ショルダープレーン」181ページの図を参照）。

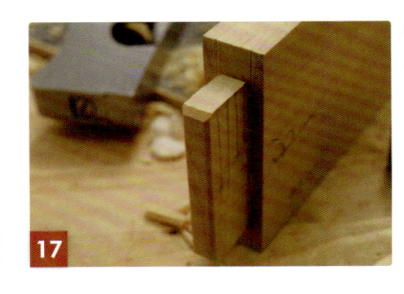

17 ホゾの先端は面取りしておきます。

18 仮組みします。接合部に隙間がないかを調べ、あればショルダープレーンで修正すればホゾの完成です。

▶ 馬の脚とソリの接合

19 脚とソリ支持材の接合は、互いに切り欠いて差し込む相欠き継ぎです。相手板の厚みを写し、斜線部分を切り欠きます。

20 ノコギリガイドを使い、真下に切り込みます。

21 糸ノコで不要部分を切り落とし、ノミで仕上げます（使用ノミ：Pfeil Bench Chisel／スイス製／www.woodcraft.com）。

Chapter 5
木のぬくもりを生かして
子どもたちの遊具(おもちゃ)を作る

BASIC TECHNIC

仮組みし、チェックします。噛み合わせが緩く、ガタがあると継ぎ手の強度が出ないため、修正する必要があります。写真のようにアイススティックや端材を接着し、ノミで整形して噛み合わせをきつくします。

22 ソリ以外の部材が完成しました。

23 再度全体を仮組みします。ここでは2本のソリ支持材が平行になっていることを確認しておきます。

▶ ソリの製作

24 ソリはダボ継ぎで製作してみましょう。2材を接合する場合、材にダボ穴をあけ、そこにダボを差し込んで接着する方法をダボ継ぎと呼びます。ここで使用するダボは、太さ8mm、長さ30mmです。ホームセンターで購入できます。この時、ダボマーカー(後述)も用意してください。

▶ ダボ穴ガイドの製作

25 ダボ穴ガイドを製作します。これがあると、正確な位置に垂直にダボ穴をあけることができます。

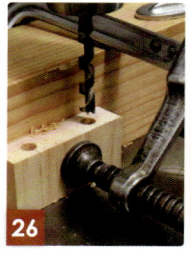

26 ソリ支持材の端材を利用し、8mmの穴を2ヵ所あけます。穴あけ中、端材をクランプするフェンスは、スコヤを使ってドリルテーブル面と直角になるようにしてください。

27 穴をあけた端材を適当な板に接着すれば完成です。

28 ソリ支持材の木口にダボ穴をあけるため、ダボ穴ガイドを上からかぶせ、クランプして穴をあけます。穴の深さは20mm程度です。

29 使用するダボのサイズに合ったダボマーカーを穴に差し込みます。これには画鋲のような尖った部分があり、相手板に押し付けることでダボ穴の位置を印すようにできています。

159

30 取り付け位置に端材のフェンスを両面テープで固定し、材がずれないように準備した上で、ダボマーカーを押し付けます。

31 相手板（ソリ材）にダボ穴位置が印されました。この位置に穴をあけます。

32 ダボを穴に差し込み、仮組みします。

33 馬本体のホゾ継ぎを接着します。ソリ支持材の平行を再度確認しておきましょう。

BASIC TECHNIC

▶ **ソリの製作・曲線を引く**

型紙にソリの曲線を引く方法です。3ヵ所にクギを打ち、そこに3×10mm程度の平角棒をあてがい、曲線を引きます。この棒のことをバテン(Batten)といいます。

34 鏡

2枚のソリ部材を両面テープで1つにして同時に作業します。型紙の曲線を材に写した後、曲線近くまでノコギリでいくつも切り込みを入れます。ノミで不要部分を落としやすくするためです。墨線は材の両面に入れてあります。写真では鏡を使って、見にくい方の墨線を見ながら切り込みを入れています。

35 ノミで不要部分を落としていきます。

36 ブロックプレーンで曲面を仕上げます。

Chapter5
木のぬくもりを生かして
子どもたちの遊具（おもちゃ）を作る

▶ 接着

37
ダボ穴や周囲に木工ボンドをたっぷり塗ります（ソリの接合部は、ソリ支持板が3mmほどくい込むよう、ノミで低くしてあります）。

38
ソリを組み上げ、クランプします。直角を確かめ、左右のソリの上縁が平行になっているかもチェックしておきましょう。はみ出た木工ボンドはペーパータオルで拭き取り、濡らした歯ブラシできれいにしておきます。

39
ホゾ継ぎの段差を修正します。ここではベンチフックとジャックプレーンを使用しています。段差が修正されていく過程は楽しいものです。削る音を聞きながら、ていねいにカンナがけしましょう。

40
馬のお尻部分は糸ノコで丸く切り落とし、粗い#80と細かい#320のサンドペーパーをかけて滑らかにします。木片ブロックなどに巻きつけて使えば、材の縁がだれて丸くならず、きれいにペーパーがけできます。

41
全体を組み上げて完成です。頭部や座板の切り出しは、糸ノコや挽きまわしという細いノコギリを使い、サンドペーパーで仕上げます。馬本体とソリ部の接合は相欠き継ぎです。この継ぎ手できつく噛み合うようであれば、木工ボンドで接着する必要はなく、分解できるので収納も楽になります。

遊具ハシゴ

子供用遊具としてのハシゴを作りましょう。
構造は2本の支柱となる角材の間に
4本のステップになる丸棒を渡したものです。

Chapter 5
木のぬくもりを生かして
子どもたちの遊具（おもちゃ）を作る

　木製の丸棒に雄ネジを切り、六角形と四角形の材に雌ネジを加工しました。「絵本棚」の製作と同様、海外通販で購入したネジ切り工具を使いました。今回のネジ切り工具は直径が1インチ（25.4mm）のネジ用です。ネジ径が大きくなった分、ネジ切り工具を回すのに力がいります。写真のようにワックスを塗り、滑りをよくして製作しましょう。六角ナットの製作方法やネジ切り工具は、「絵本棚」を参照してください（140ページ）。

支柱 20×60×1300
3/4インチネジ長：70
ステップ 3/4インチ丸棒
四角ナット
六角ナット

60
260
260
260
260
260
450
350

[使用材一覧]
支柱：20×60×1300／2本
ステップ：3/4インチ（19mm）丸棒
六角ナット材：厚み20mm

タップにワックスを塗り、滑りをよくしてネジを切ります。

< 作り方 >

01 手前2本の支柱に穴の位置を印します。ここには26mmの穴をあけます。画面奥の板からは四角形のナットを切り出します。1辺50mmの正方形で、14mm厚のパインの端材を利用しました。あける下穴の大きさは22mmです。四角ナットは8個必要ですが、ネジ切り中に材が割れることがあるため、予備を数個作っておきます。

02 2本の支柱に等間隔で26mmの穴をあけます。ここでは、フォースナービットという穴の周囲がきれいに仕上がるビットを使っています。このビットは国内のホームセンターなどでも販売されています。その場合、直径26mmのビットがよいでしょう。ドリルスタンドや卓上ボール盤などで垂直にあけます。フォースナービットについては「木の自動車」(175ページ)を参照してください。

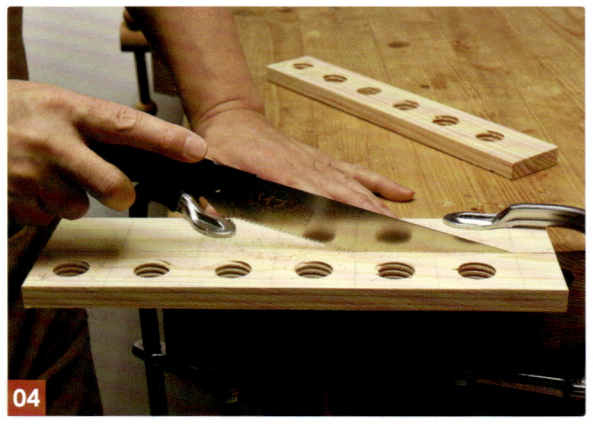

04 それぞれの四角ナットに切り分けます。切断面はブロックプレーンで滑らかに仕上げ、角は面取りします。

05 丸棒も必要な長さに切り揃えます。写真のように直角ガイドを使えば、丸棒でも簡単にカットできます。

四角ナットの下穴に1インチのタップでネジ山を切っていきます。材が割れないよう、ゆっくり作業しましょう。

Chapter5
木のぬくもりを生かして
子どもたちの遊具(おもちゃ)を作る

06 丸棒保持具に通し、作業台に固定した角材にクランプします。これでネジ加工中に丸棒が一緒に回ってしまうことを防ぎます。丸棒にスレッドボックスをかぶせ、右回りでネジ山を切っていきます。内部でV字型の刃がネジ山を切り、写真の四角い穴から切り屑が出てきます(丸棒保持具の作り方は「絵本棚」145ページの写真**36**参照)。

07 こうして全ての部材が揃ったところで仮組みします。仮組みは全体を見渡し、不具合がないかチェックするためです。

08 仕上げ準備です。2本の支柱をブロックプレーンでカンナがけします。

09 材の厚み部分を直角に仕上げるため、エッジプレーンでカンナがけしているところです。最後はブロックプレーンで角を少し大きめに面取りしておきましょう。

10 四角ナットをネジの根元で接着します。この四角ナットは支柱の内側に位置し、六角ナットで支柱をはさむ役目をします。

11 支柱を通し、六角ナットではさめばハシゴの完成です。

パズル箱

継ぎ手：矩形三枚組み継ぎ

木球や四角錐などさまざまな形の立体を、
箱の穴から落として楽しむパズル箱です。
木球などの立体はホームセンターで入手できます。
ここでは箱の作り方を紹介しましょう。

Chapter 5
木のぬくもりを生かして
子どもたちの遊具(おもちゃ)を作る

三枚組み継ぎと呼ばれる継ぎ手を使います。板幅を三分割し、凸凹部分を組み合わせるもので、分割数を増やせばあられ組みになります。ここでもノコ刃スペーサーとノコギリガイドを使います(148ページ参照)。

< 作り方 >

01 厚さ14mmの松材で作ります。ほぼ立方体の箱になります。額縁製作同様、A、A'～D、D'まで記号を入れておきましょう(「相欠き継ぎの額縁づくり」64ページ参照)。

02 板厚を罫書きします。これをベースラインと呼びます。

03 木口を三分割し、2材を一緒に罫書きします。写真ではAとA'が見えます。

04 互いに嚙み合うように○と×を書き込みます。×印は不要部分を表しています。

05 ここからは材を1枚ずつ加工します。ノコ刃スペーサーを使い、罫書き線にあてがい、ノコギリガイドにくっつけます。ノコギリガイドに貼ってある目印の白いテープは○印の外側に向けるため、写真では見えません。

06 ノコ刃スペーサーを外し、今度はノコギリでベースラインまで切り込みます。

07 ×印の不要部分を大まかに切り落とし、ノミで仕上げます。

08 端部もベースラインから少し離れたところで切り落とし、ベースラインはノミで仕上げます。

09 仮組みしてみます。ノミで仕上げた木口断面に溝が見えます。これは、比較的柔らかい材をノミで加工すると起こりやすい現象です。完成後、外から見えるところに凹部がある場合は、そこを補修しましょう。材の粉と接着剤をまぜてパテ状にしたもので埋めて補修します(「3Dカレンダー」173ページの「自作パテ」を参照してください)。

10 いろいろな形状の切り抜きをしやすくするため、ドリルで大まかに穴をあけてから、糸ノコを使って墨線に近づけていきます。

BASIC TECHNIC

▶ ノミの使い方

最後の仕上げはノミです。いきなり墨線にノミをあてるのではなく、徐々に削りながら墨線に近づけていきます。写真のようにノミを真上から見ながら、顎をあてがい、手と顎の力で材を削ります。削り量を少なくすれば金ヅチを使わなくても加工できます。こうすると直角に(真下に)削ることができます。必要であれば、金ヅチを使って構いません。木工用は玄能(ゲンノウ)といいます。写真の黒いハンマーは、ゲンノウとは違いますが、私が時々使うものです。表面はウレタンで覆われていて、ノミなどに打ちつけた時の衝撃音がゲンノウとは異なり低音になるため、音が気になる環境での作業に向いています。また、内部が空洞で、そこに小さな鉛玉が入っています。ぎっしり詰まっているのではなく、ハンマーを打つたびに内部で上下するため、少ない力でも打ちつける力が大きくなるようにできています。(商品名:Dead-Blow Mallet/www.leevalley.com)

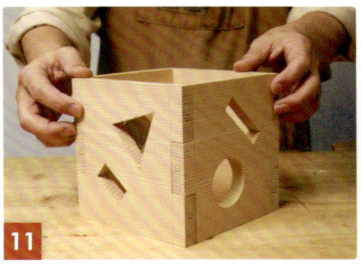

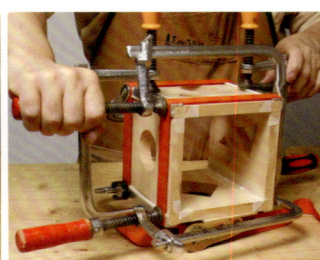

11 仮組みしてから、接着します。角にアルミアングル材をあてがい、ベルトクランプで締め付けた後、F型クランプでさらに締めています。内側にも接着剤がはみ出るため、あらかじめベースラインにマスキングテープが貼ってあります。

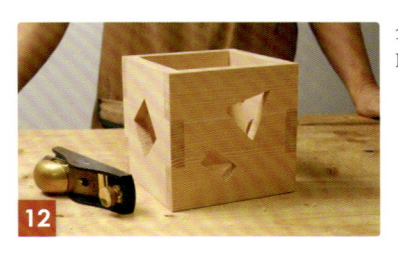

12 全体に目違いを払い、面取りして完成です。

3D永久カレンダー

継ぎ手:追い入れ継ぎ

格子状の棚に日付入りのブロックを並べた、立体的なカレンダーです。
置いても壁掛けにしても使えます。
ブロックの正面は黒字、反対面は赤字で同じ数字を記入。
側面には家族の誕生日や記念日を書いておくのもいいでしょう。
毎月、日付を並べ替えるだけで、永久に使い続けることができます。

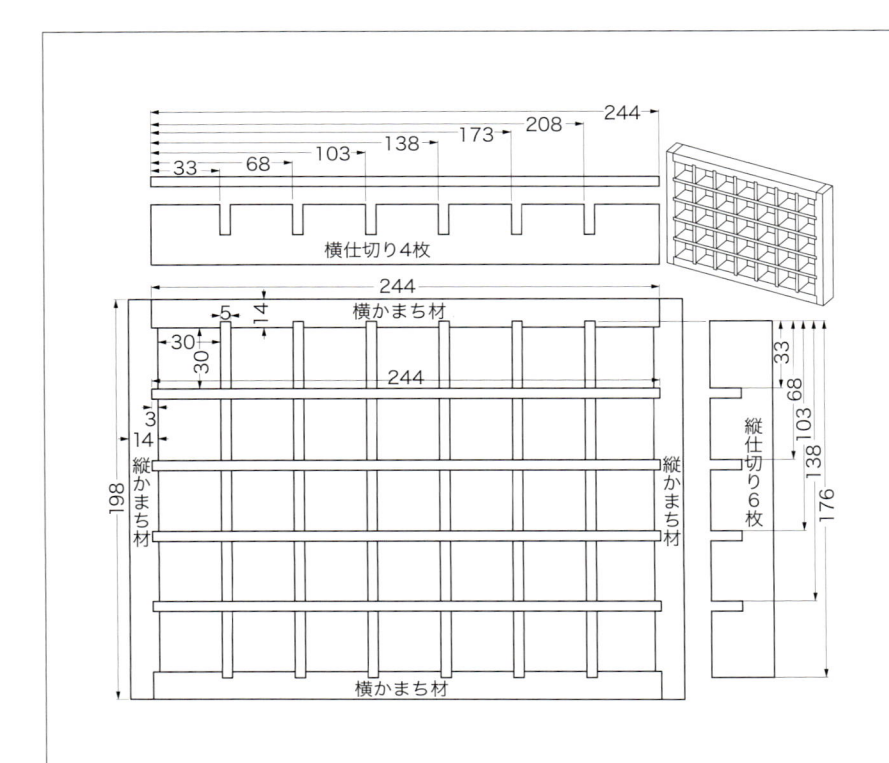

周囲の枠と中の格子だけの簡単な構造です。格子は互いの材を半分まで切り欠いて組み合わせ、格子と枠材は追い入れ継ぎで接合します。格子板はまとめて切り欠きます。枠材は、先に追い入れ溝を製作してから縦に二分割すれば精度が向上します。

< 作り方 >

01 図面寸法通りに、外側の枠材（横かまち材）に追い入れ溝を製作します。アルミの角棒にマグネットシートを貼ったノコギリガイドは、両面テープで固定してあります。1つ目のノコギリガイドを固定し、そこに格子になる仕切り板をあてがいます。それを2つ目のノコギリガイドではさむことで、追い入れ溝の幅が決まります。切り込みの深さを3mmにセットしたノコギリで切り込みます。これで溝の左右に切り込みが入ります。ノコギリは2本用意し、ストッパーを右側に貼ったものと左側に貼ったものを使い分ければ、作業は効率的です。

02 細いノミで不要部分を崩します。ノコギリの切り込み跡が深さの目安になります。

03 縦に二分割します。これで横かまち材2本の完成です。

Chapter 5
木のぬくもりを生かして
子どもたちの遊具（おもちゃ）を作る

04 同様に縦かまち材も製作します。

05 縦仕切り板、横仕切り板もそれぞれまとめて直角に切り込みを入れます。自作ノコギリガイドを作ると、この作業が楽にできます。この作業も、一対のノコギリガイドで仕切り板をはさみ、溝幅を決めます。

自作ノコギリガイド

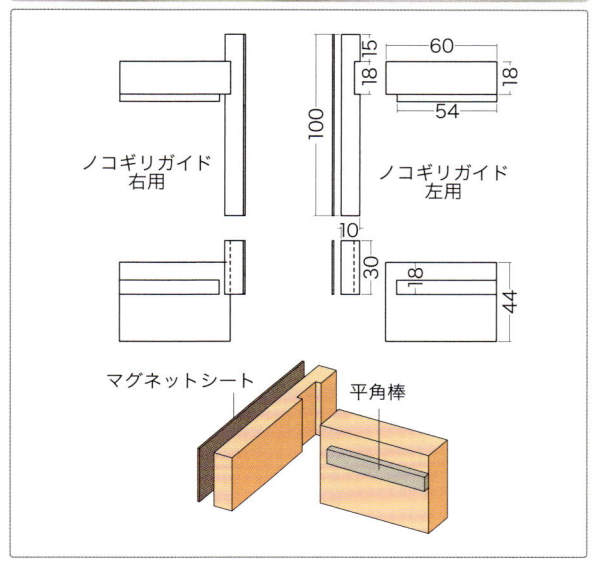

ノコギリガイド 右用
ノコギリガイド 左用
60
54
18-15
18
100
10
30
18
44
マグネットシート
平角棒

06 追い入れ溝ができた縦横かまち材と切り込みを入れた仕切り板です。

07 ケビキで仕切り材の中央付近に切り欠く深さを印します。

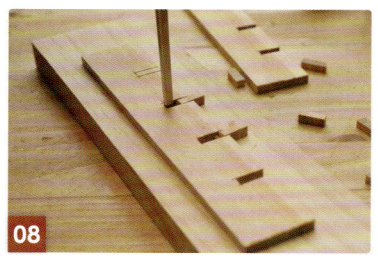

08 ノミで不要部分を落とします。

09 仕切り板を組み上げます。

10 かまち材も組み上げます。

171

カンナで各部の噛み合わせ具合を微調整します。

11

接着剤を塗り、クランプで固定します。

12

ブロックプレーンやジャックプレーンで段差を修正します。

13

14

完成した枠には補強のため、竹串を差しました。下穴は少し斜めにあけると補強効果が増します。

15

全体を滑らかに仕上げます。

16

追い入れ継ぎに、写真のような隙間や材のささくれなどがあれば修正します。

Chapter5
木のぬくもりを生かして
子どもたちの遊具（おもちゃ）を作る

BASIC TECHNIC

▶ 自作パテ

同じ種類の材をサンディングし、削り粉をノリに混ぜ、パテを作り、隙間に塗りこみます。木工ボンドではなく、写真のような昔ながらの「でんぷんノリ」を使うと、乾いた後に着色剤などが染み込むため、色の違いが目立たなくなります。

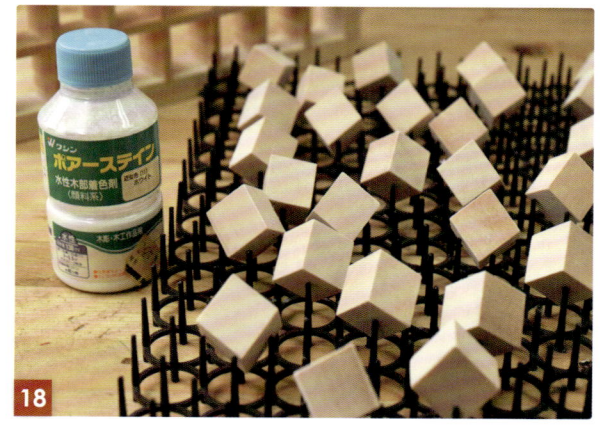

18 日付ブロックはもう少し白味を帯びた材の方がよいので、白い着色剤を塗り、猫よけ剣山に置いて乾燥させます。

19 ウレタンニスを塗って仕上げます。

17 乾いてからサンドペーパーで仕上げた修正箇所です。

20 本体にはウレタンニスをスプレーして仕上げます。

木の自動車

ボディーは糸ノコで切り抜き、サンドペーパーで仕上げます。
そこに、木球に丸棒を差し込んだ車輪を取り付けるだけ。
とても簡単に作れます。

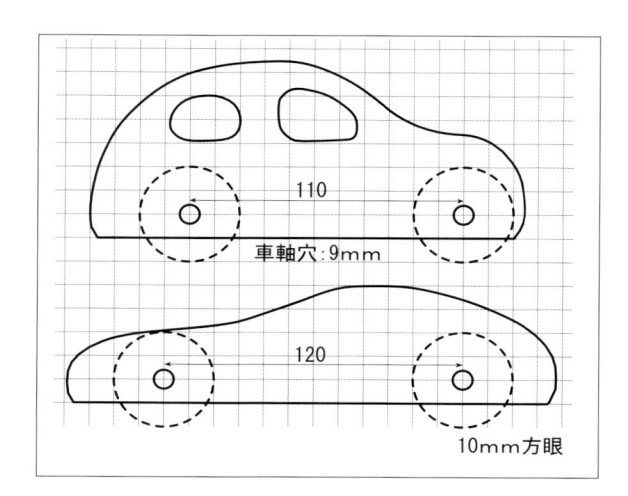

Chapter5
木のぬくもりを生かして
子どもたちの遊具（おもちゃ）を作る

車軸穴：9mm
110
120
10mm方眼

用する先端工具は写真①のフォースナービットと呼ばれるものです。穴の周囲がきれいであることと、ドリルビットと違い、写真②のように、ビット中心が材になくても穴をあけることができるのが特徴です。

ここで学びたいことは、木球の中心に車軸（丸棒）を差し込む穴のあけ方です。その方法は下記Basic Technicを読んでください。

ボール盤やドリルスタンドを使って穴をあけます。使

< 作り方 >

ボディーには、車軸を通す直径9mmの穴をあけます。そこに車軸を通し、両端に木球を差し込んで接着剤で固定すれば完成です。

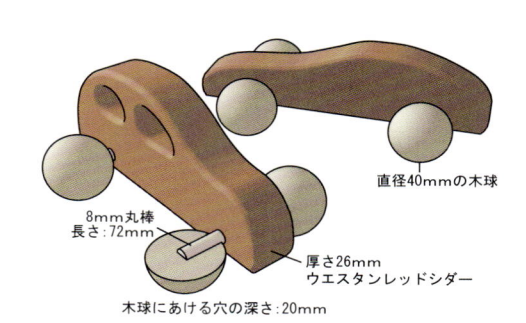

直径40mmの木球
8mm丸棒
長さ：72mm
厚さ26mm
ウエスタンレッドシダー
木球にあける穴の深さ：20mm

BASIC TECHNIC

▶ 木球の中心に穴をあける

ボール盤にクランプされているのは、私がふだん使用している自作のセンターファインダーです。単にフォースナービットで材に穴をあけただけのもので、穴の大きさは数種類あり、木球の大きさによって使い分けています。同寸のフォースナービットを穴に差し込んだ状態でクランプすれば、ビットとセンターファインダーの中心が揃います。

丸棒と同じ太さのドリルビットに交換します。そして、木球を穴の上に置けば、木球の中心にドリルビットが位置することになります。

01

手でしっかり木球をおさえながら所定の深さの穴をあけます。木球の中心に穴があきました。

02

175

もっと知りたい！
西洋カンナ詳細ガイド

構造

　西洋カンナの最も一般的なものは、手で持つグリップ（ノブとハンドル）が前後2ヵ所についたタイプで、「ベンチプレーン」と呼んでいます。

　構造図を見ると、刃と逆目止めのチップブレーカーがネジで一体化され、それがフロッグと呼ばれる三角形の部品に固定され、そのフロッグがカンナ本体に取り付けられています。つまり、刃は直接カンナ本体に付いているのではありません。

　フロッグは、カンナ本体の上を前後に動かすことができるため、和ガンナにはない刃口（底部から刃が見える開口部）の調節が可能です。薄いカンナ屑を出したい時は刃口を狭くし、削る量を多くする時は刃口を広げます。こうして、仕上げと荒削りの使い分けができます。

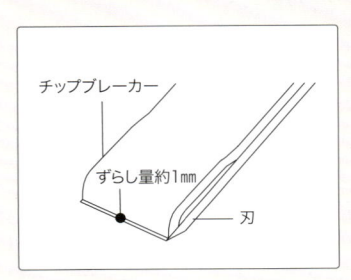

　刃と逆目止めのチップブレーカーをずらす量は1mm程度が基本です。

　刃を出したり引っ込めたりは、アジャスターナットを回して行ないます。刃の傾き調節レバーもあります。左右に動かし、刃先が底面と平行になるよう調節します。したがって、和ガンナのように刃の調節にカナヅチを使うことはありません。カンナ屑が多く出ている方にレバーを傾けると、カンナ屑の出方が少なくなります。

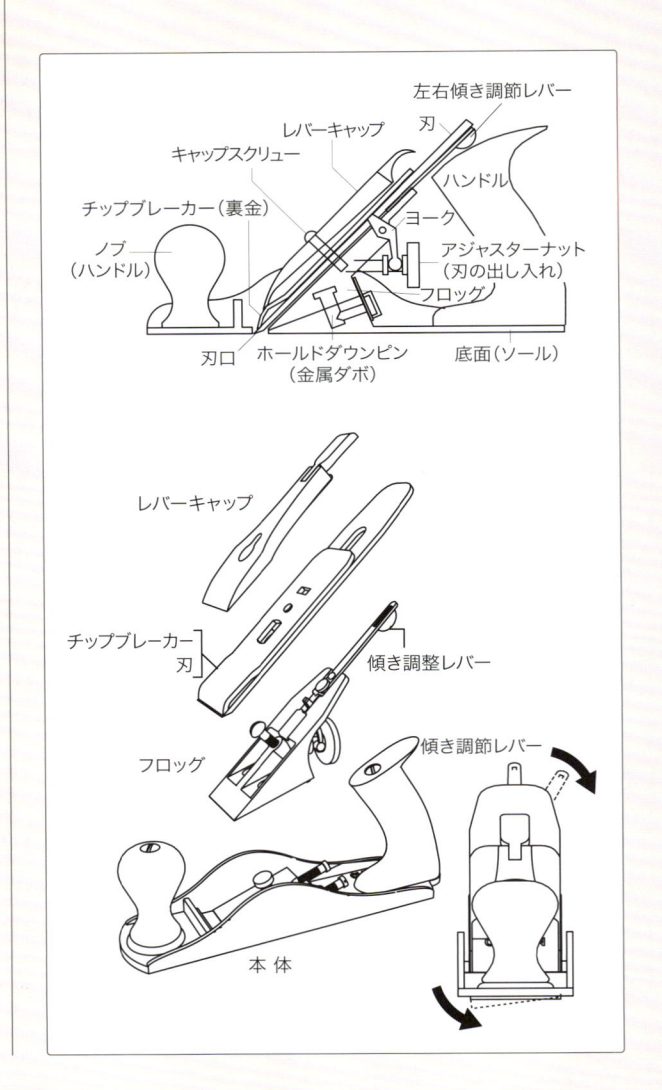

刃の角度

カンナの刃と底面のなす角度を「仕込み角」といい、西洋カンナの場合、大別すると2種類あります。1つは45°のスタンダードアングルタイプ、もう1つはローアングルタイプです。「仕込み角」は「しのぎ角」と違います。しのぎ角は研ぎ角のことなので、間違えないようにしましょう。

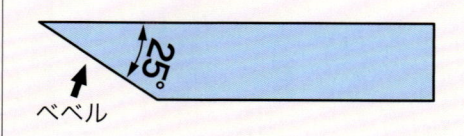

しのぎ角（研ぎ角）は25°（Bevel Angle）

西洋カンナの刃のしのぎ角は25°が基本。しのぎ面のことを「ベベル」といいます。ベベルが下向きのカンナをベベルダウン、上向きをベベルアップのカンナと呼んでいます。

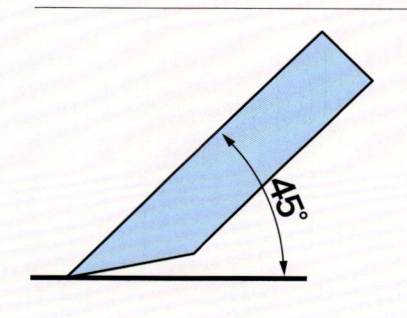

スタンダードアングル（Standard Angle）

仕込み角が45°をスタンダードアングルといいます。ベベルダウンのカンナで、これが最も一般的な仕込み角です。この場合、逆目止めの裏金（チップブレーカー）が付いています。

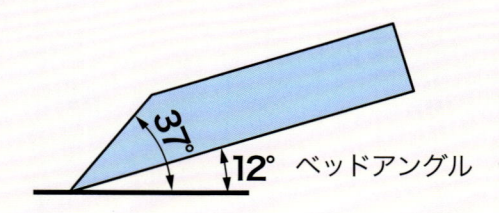

ローアングル（Low Angle）

仕込み角がスタンダードアングル（45°）より低いものをローアングルといい、刃が寝ています。こうすると木口（木材の年輪が見える断面）削りに強くなります。図ではカンナ本体の刃をのせるベッドの角度（ベッドアングル）が12°、刃のしのぎ角は25°なので、合計すると仕込み角は37°になります。刃を寝かせるため、しのぎ面が上向きになるのでベベルアップのカンナになります。裏金は構造上付きません。

種類

ブロックプレーン (Block Plane)

Lie-Nielsen 60-1/2 Low Angle Adjustable Mouth Block Plane (USA) 全長：160㎜　刃幅：35㎜

　ローアングル・ブロックプレーンと呼ばれる片手で使えるカンナ（プレーンはカンナの意）。小型なので使い勝手がとてもよく、私が一番多く手にします。狭い面積のカンナがけで、精度が求められる作業に向いています。

　例えば、材と材をはぎ合わせた部分の目違い払い（段差修正）や、アリ継ぎやあられ組みでの木口削りにローアングルの強みが発揮されます。また、さまざまな方向の木目が入り混じる象眼の表面を面一（つらいち。段差がない状態）に仕上げる場合にも適しています。

　刃はしのぎ面が上を向いているベベルアップで、仕込み角は37°。木口を削る時にはぜひ持っていたいカンナです。とにかくいろいろな作業に使えて便利。ブロックプレーンで目違いを払った後は、次に紹介するNo.4のベンチプレーンで全体を仕上げるのが一般的です。

アリ継ぎの小口削り。

象眼の表面の仕上げに適したブロックプレーン。

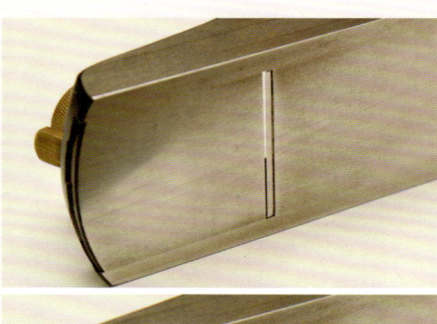

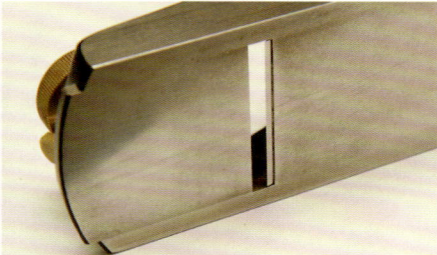

多くの西洋カンナは、写真のように刃口を広げたり狭めたりできる機能があります。仕上げでは刃口を狭め、荒削りでは刃口を広げて使います。まず、ブロックプレーンで西洋カンナの使いやすさと性能の高さを味わってみてください。

Chapter6
もっと知りたい！
西洋カンナ詳細ガイド

No.4 ベンチプレーン (No.4 Bench Plane)

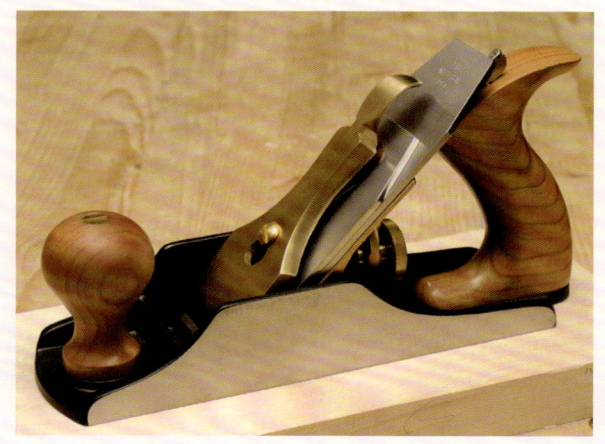

Lie-Nielsen No.4 Bench Plane 全長：240mm　刃幅：50mm

　ベンチプレーンは、前後のグリップを握り、両手でカンナがけをするタイプで、ブロックプレーンの次にぜひ揃えておきたいカンナです。

　西洋カンナは、100年以上前に、スタンレーという会社によって付けられた番号でサイズが決まっています。No.4はその基本となる中間的なサイズのもの。刃幅は50mmほどで仕上げなどに使われます（番号が大きくなるほど長く、幅も広くなります）。このNo.4は、両手でグリップを握るために充分な力をかけることができ、広い面積を平らに滑らかにすることができます。

　また、大きすぎないので、繊細な仕事もこなせます。刃口を広げれば荒削り、狭めれば仕上げに使えますが、やはりNo.4は仕上げに向いています。No.5ジャックプレーンやNo.7ジョインターで材を平らにした後、このNo.4で滑らかにします。

　よく研いだ刃でカンナをかけると、材の表面はガラスのようになり、サンドペーパーで磨く必要がありません。

準仕上げした板を滑らかに仕上げています。

象眼部分と周囲の板の目違い（段差）を払っているところ。

仕上げの削りでは、透けるほど薄いカンナ屑が出ます。

No.5 ジャックプレーン (No.5 Jack Plane)

```
FRONT KNOB    BRONZE CAP IRON
BRASS         CAP SCREW      CAP IRON THUMBSCREW
ADJUSTMENT LEVER                        BLACE
ADJUSTABLE MOUTH PLATE  MOUTH  FROG AREA  THREADED ROD  SOLE
                                          STAINLESS STEEL
                                          ADJUSTER NUT

LOW ANGLE JACK PLANE
```

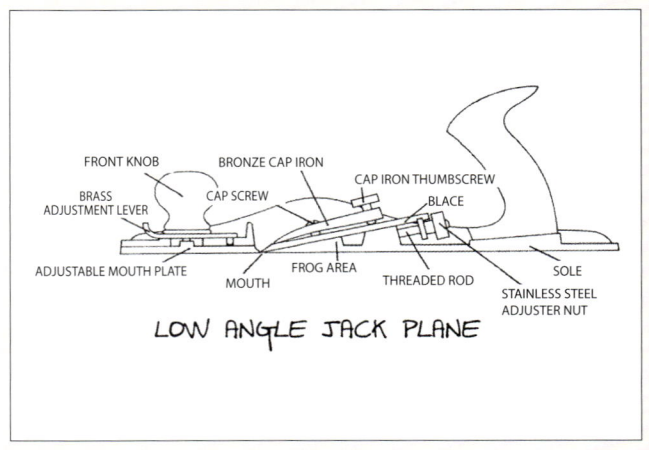

写真上：Lie-Nielsen No.5 Jack Plane (USA)（スタンダードアングル／ベベルダウン）全長：355mm、刃幅：50mm　写真下：Lie-Nielsen Low Angle Jack Plane (USA)（ローアングル／ベベルアップ）全長：355mm　刃幅：50mm

「何でも屋のジャック（Jack of All Trades）が名前の由来のようで、まさにどんな目的にも使える1台。写真（上）はスタンダードアングルNo.5ジャックプレーン。逆目止めのチップブレーカー（裏金）が付いています。はぎ合わせたテーブル天板などを荒削りして、平面に仕上げる作業にも向いています。

写真（下）はローアングルジャックプレーン。刃は、しのぎ面が上を向いているベベルアップで、仕込み角度は37°です。フロッグが一体成型されているので、刃口の調節は刃口調節プレートという、底の一部を前後させて行なう仕組み。予備の刃を購入し、しのぎ角度を33°や43°のように大きくしておくと仕込み角度が増し、複雑な木目や硬木にも対応できます。構造上チップブレーカー（裏金）は付いていません。

材を一定の厚みに削っているところ。厚みゲージを兼ねた2本のレール材にジャックプレーンを乗せ、茶色のウエスタンレッドシダーをレール材と同じ厚みに削っています。削る量を少し多くすれば、ごく短時間で作業は完了します。

トレイの底を平らにしているところ。底板と周囲4枚の板の目違い（段差）を修正しています。面積がやや広いため、ジャックプレーンを選びました。最後はNo.4ベンチプレーンで仕上げます。

Chapter 6 もっと知りたい！西洋カンナ詳細ガイド

No.7 ジョインタープレーン(No.7 Jointer Plane)

Lie-Nielsen No.7 Jointer Plane (USA)
全長:560mm　刃幅:60mm

全長が555mmもある長いカンナ。刃はベベルダウンでスタンダードアングル。板をはぎ合わせる時に木端面を一直線にしたり、テーブルなどの天板を平らに削るのに適しています。長いカンナの底面は、はじめは材の起伏の高い部分にだけあたるので、そこを削っていくうちに低い部分に達し、平らになります。

作業の途中で、板が平らになっているかをチェックする方法があります。目線を板面にまで下げ、カンナを傾け、長辺と材の間の隙間をチェックする方法です。いちいち定規を材にあてがわなくても、カンナのエッジが定規代わりになります。

ワークベンチの積層天板を平らに削っているところ。どこを削ったかを分かりやすくするため、全体を赤スプレーで着色してから削りはじめました。中央はまだ赤いので、凹状部分が残っているのがよく分かります。

ショルダープレーン(Shoulder Plane)

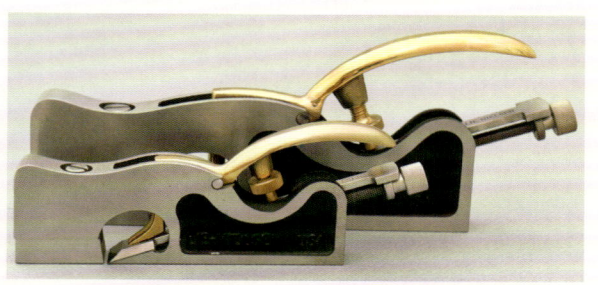

手前／Lie-Nielsen Small Shoulder Plane 041 (USA) 全長:146mm 刃幅:16mm
奥／Lie-Nielsen Medium Shoulder Plane 042 (USA) 全長:197mm 刃幅:19mm

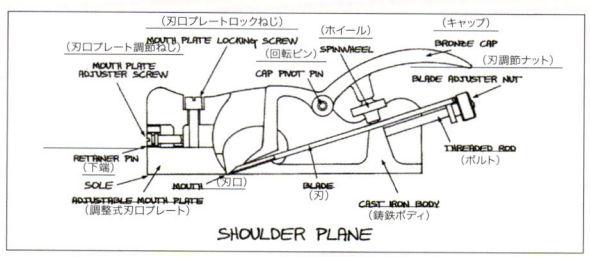

（刃口プレートロックねじ）MOUTH PLATE LOCKING SCREW （ホイール）SPINWHEEL （キャップ）BRONZE CAP
MOUTH PLATE ADJUSTER SCREW （回転ピン）CAP PIVOT PIN （刃調節ナット）BLADE ADJUSTER NUT
RETAINER PIN（下端ピン）　THREADED ROD（ボルト）
SOLE　MOUTH（刃口）　BLADE（刃）　CAST IRON BODY（鋳鉄ボディ）
ADJUSTABLE MOUTH PLATE（調整式刃口プレート）
SHOULDER PLANE

ショルダープレーンは、刃の幅とカンナ本体の幅が同じなので、用途は溝、段欠き、ホゾの加工などに適しています。ベッドアングルは18°、刃のしのぎ角は25°なので仕込み角は43°ということになります。ベベルアッププレーンで、大中小のサイズがあります。

英語ではホゾをチーク（ほお）とショルダー（肩）と呼んでいます。ショルダープレーンの名前の由来はここにあります。

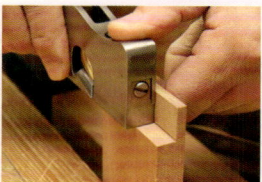

写真左は、箱のフタの裏側を段欠き加工しているところ。写真右は、小引き出しの前板を包み継ぎするための段欠き加工。入隅（板など2つの平面が交わった時の内側の角）に刃があたるため微調整に最適です。

ブロンズ エッジ プレーン
（Bronze Edge Plane）

Lie-Nielsen Bronze Edge Plane（USA）（右手用／左手用）全長：145mm／525g
写真は右手用。材の厚み部分を直角に仕上げるカンナで、削り幅は最大22mm

　フェンスが一体成型されており、底面に対し直角になっています。切り出した材のノコ刃の痕をきれいに、しかも直角に仕上げることができます。しのぎ角25°のローアングルベベルアッププレーンで、刃は傾けて取り付けてあり、木口削りにも有効です。刃の厚みは1/8インチ（3.175mm）。右手用と左手用があります。木取りした材を加工する前に、まず直角に仕上げておきましょう。直角は木工の基本です。

板を寝かせた状態でも立てた状態でも使えます。持ち方が決まっているわけではなく、写真のように自由に使えます。

ラベット ブロック プレーン
（Rabbet Block Plane）

Lie-Nielsen Rabbet Block Plane（USA）
全長：159mm　全幅：44mm　ベベルアッププレーン

　ラベットブロックプレーンは刃がカンナ本体の幅まであるため、入隅（いりすみ／縦と横の面が接するコーナー）に刃が届きます。ホゾ穴にフィットするよう、ホゾの厚みを調節するのに最適です。その他、段欠きなどに使えます。側面にニッカーと呼ばれる丸い小さい刃がついており、カンナ刃の前で、先に材を切るため削り痕がきれいです。ニッカーには直線部分があるため、切り込みを入れないようにすることも可能です。

側面に付いたニッカーという小さな刃。

Chapter 6
もっと知りたい！
西洋カンナ詳細ガイド

溝ガンナ
（Plow Plane）

Veritas Small Plow Plane (Canada) ダブテールジョイントの小物入れで、背板が収まる段欠きを加工しているところ

　このカンナは、溝や段欠きの加工のためにあります。刃幅が約3mmから10mm程度までの5種類ほどあり、交換して使えます。和ガンナでしたら5種類のカンナを揃える必要がありますが、西洋カンナでは刃を替えるだけで済みます。

　カンナ本体にフェンスが付いていて、材の縁から一定の距離に溝加工ができるようになっているので、箱の底板をはめ込む溝加工などに適しています。溝の深さをセットするストッパーも付いています。

　カンナがけは、通常の削り終わり付近から始めて、後ずさりしながら溝にします。一度溝ができれば、今度は通常の方向で目的の深さになるまで削ります。

　右利きの場合、左手はフェンスを持ってカンナを材に押しあてる役目、右手はカンナを押す役目とはっきり分けるとうまくいきます。

ルータープレーン
（Router Plane）

Lie-Nielsen Small Router Plane (USA) 刃幅：約6mm
この他に大きい機種もあり、それには数種類の刃が揃っています

　私たちがよく知っている電動工具のルーターが、その昔まだ電動になっていなかったカンナ時代の姿といえます。L字状の刃が下に出ていて、底面から刃までの距離が溝の深さになります。写真は、ノミで荒削りした追い入れ溝の深さを揃えているところ。

　溝の幅が広ければショルダープレーンも使えますが、溝の深さを一定にするのでしたらルータープレーンに分があります。カンナがけは、通常の削り終わり付近から徐々に後ずさりしながら使います。溝加工だけでなく、蝶番を取り付ける時の掘り込みにも、一定の深さで加工できるので重宝します。

蝶番用の掘り込みにも適しています。

刃研ぎガイドを使った刃の研ぎ方

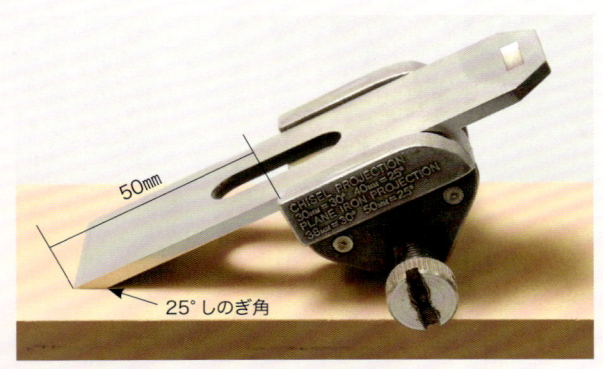

刃研ぎガイドにブロックプレーンの刃を固定したところ。

刃をセットして使う刃研ぎガイド（ホーニングガイド）について詳しく説明しましょう。ホームセンターなどで数種類が市販されていますが、その中から写真左のものを使います。刃の出る量を50㎜にセットすると、砥石上で25°のしのぎ角になるようにできています。

刃を外すことなく、中砥と仕上砥という砥石を使って研いでいきます。

▶ 刃研ガイドを観察してみると

写真①は刃をはさんで固定する部分。左右に広がるので、いろいろなサイズの刃を固定できます。

写真②は裏側のローラー部分で、砥石の上を転がります。写真③は刃研ぎガイドに刃をセットしているところ。刃研ぎガイドから50㎜刃を出した状態で固定するための50㎜ゲージを自作しました。これだけで刃先から刃研ぎガイドまでの距離が常に一定に保てるため、研ぎ角度も一定になり、切れ味のいい刃になるよう、簡単確実にセットすることができます。

この刃研ぎガイドは本来イギリスが元祖なので、刃の両サイドが平行でない和ガンナの刃を正確にセットすることはできません。

もともと刃を50㎜出し、25°のしのぎ角が得られる西洋カンナ用ですが、いつしか本体に刻まれた「50㎜／25°」の大切な説明文が消えてなくなり、日本では和ガンナ用として販売されています。西洋カンナの刃で、本来の使い方をしてほしいものです。

写真の刃研ぎガイドはイギリス製。類似品が日本でも市販されています。写真（一番下）の自作ゲージは、板にアクリル角棒を瞬間接着剤でつけただけの簡単なもの。

Chapter 6
もっと知りたい！
西洋カンナ詳細ガイド

▶ 刃研ぎに必要な道具

画像ラベル：青砥と革砥／定盤／トレイ／中砥／仕上砥／霧吹き／ルーペ（10倍）／#80～#200程度の耐水サンドペーパー／刃研ぎガイド／50mm自作ゲージ／両面テープ（はがせるタイプ）

　これが、私の砥ぎ道具一式です。この他に水を入れたポリバケツが必要です。中砥（中砥石）はあらかじめ水に浸けておきます。中砥が置かれている黒いトレイと霧吹きがあれば、近くに水道がなくても、どこででも研げます。今回は、ローアングル・ブロックプレーンを使って刃を研いでみましょう。ベンチプレーンの刃研ぎ方法も同じです。

02 カンナ本体から刃を取り出します。作業台に固定した50mm自作ゲージに、刃と刃研ぎガイドの両方を押しつけながら固定。これが「50mm／25°」のセッティングとなります。

▶ 刃の研ぎ方

01 ブロックプレーンの場合、カンナの刃口は広げておきます。研ぎ上がった刃を再び戻す時、狭い刃口に接触することを避けるためです。手元に10倍程度のルーペ（拡大鏡）があったら、事前に刃先の状態を観察してみましょう。ごく小さな欠けがあったり、ノコギリ状になっていたりと、切れ味が鈍った原因が見えます。研ぎ終わった後と比較すれば、切れ味の鋭い刃がどういう状態なのかがよく分かります。

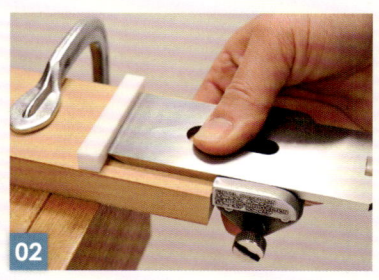

03 刃先の中央に、はがせるタイプの両面テープを貼ります。このテープの上に人差し指を置いて固定するためです。これには、次の3つの目的があります。(1)研いでいる間に指が徐々に滑り落ちるのを防ぐ。(2)中央を押さえても左右均等に研げないことがある。その場合、その人のクセを発見して修正できる。(3)刃を砥石に強く押しつけずに適度な押さえ方を知ることができる。これは私流のやり方ですが、とても有効です。

▶ 研ぎ方

　10分以上水に浸けた中砥を、トレイの砥石台に置きます。刃を砥石上に置き、人差し指をなるべく刃先の近くに添えます。中砥から仕上砥までの研ぎ工程中、指先はテープにつけたままが望ましいです。人差し指の位置を変えないため、砥石の交換などはもう片方の手で行なうようにします。

　これで研ぎ始めます。刃を前後に動かしながら、徐々に左右にも移動して砥石の幅いっぱいを使って研ぎます。こうすることで、砥石の減りを均等にします。私は砥石の左から右まで移動するのに約50ストロークかけます。

　時々、霧吹きで砥石に水をかけましょう。途中で研ぎ具合を何度かチェックし、左右均等に研げていない場合には、研ぎ量の少ない側に指先の位置を5mmほどずらしてみます。しばらく研いでみて均等になるようでしたら、そこがあなたにとっての適正な指の位置になります。

　どのくらいの力で刃を押さえつけたらいいかを知る方法があります。テープについている人差し指だけで研いでみてください。強く押しつけにくく、ずいぶんソフトだと思うかも知れませんが、その力を基本としましょう。約100ストローク研いだら、砥石を180°回転し、さらに100ストローク研ぎます。

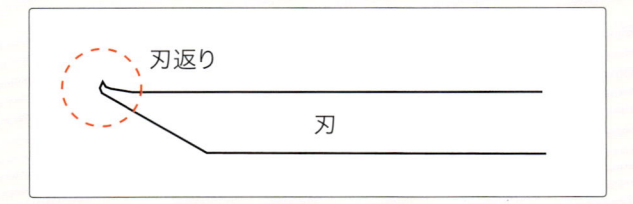

　まもなく、刃先に刃返り（はがえり）というわずかなひっかかりができます（上図参照）。これができたら中砥から仕上砥に移ります。

　中砥での研ぎが終わると、砥石の上に研ぎカス（本来は「砥くそ」という）が混ざった黒い研ぎ汁が残ります。これは砥石成分と鋼の微粒子が水に混ざったもので、私はそれを洗い流さずに仕上砥で使うようにしています。仕上砥の表面を濡らしたら、そこに中砥をこすり付けて研ぎ汁を仕上砥に移します。

　本来は、名倉砥石という小さな砥石を仕上砥にこすりつけ、研ぎ効果を高めるのですが、私の場合、その代わりとなるのが中砥の研ぎ汁なのです。

　仕上砥で研ぎ始める前に、しのぎ面の光り具合を見ておきましょう。今はまだ鈍く光るヘアライン仕上げのような表面が、仕上砥でどの程度輝くかを比較するためです。中砥と同様の工程を繰り返し、しのぎ面が鏡のようになっていくのをチェックします。仕上砥でのストローク数は中砥での約3倍が目安。この時、刃返りはまだ残ったままです。

Chapter6
もっと知りたい！
西洋カンナ詳細ガイド

左：前後方向に動かして刃裏を研ぎます。右：横に動かしながら前後に移動します。どちらでもかまいません。

　3倍のストロークが終わったら、テープから人差し指を離し、両面テープもはがしますが、刃研ぎガイドはまだ外しません。次は刃裏（反対の面）を研いで刃返りを取り、切れ味の鋭い刃にする作業に入ります。刃を反転し、刃研ぎガイドを上向きにして仕上砥で研ぎます。刃研ぎガイドの重さで刃先が浮かないよう、しっかり押さえながら平らに研ぎます。刃裏全面ではなく、刃先から3cmほど研げればよいでしょう。

　しばらくすると、反対面に刃返りがほんの少し生じるので、再び刃研ぎガイドを正立にして刃返りを取ります。徐々にストローク数を減らしながら、反転と正立を繰り返して刃研ぎを終了します。切れ味を確かめるため、端材の木口を少し削ってみてください。

　以上が、研ぎの全工程です。熟練技が必要なところは1ヵ所もなかったはずです。これで充分な切れ味が得られます。びっくりするほど薄いカンナ屑を出して削ってください。

端材の木口部分を削って、切れ味を確かめます。

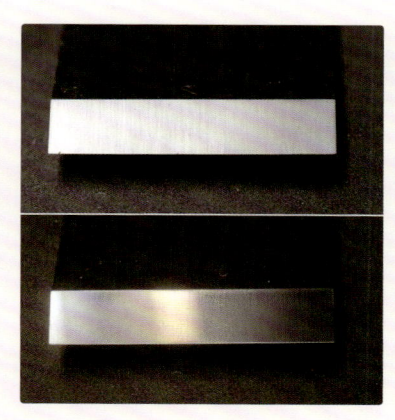

上：中砥で研いだ刃。ヘアライン状の表面。
下：仕上げ砥で研いだ刃。天井のライトが映り込んでいます。

研ぎ終わった刃の裏面には、室内の蛍光灯が映り込んでいます。新品の刃裏はヘアライン状で鈍く光っている程度ですが、毎回の研ぎで写真のような輝きにしていくと切れ味が向上します。

COLUMN

▶ 新品の刃を研ぐコツ

しのぎ角度は、工場出荷時の新品の刃と自作ゲージでセットした時とでは、若干の差があります。この差は重要ではありません。おそらく新品の刃は、写真のように刃先だけが砥石にあたり、数ミリ幅で刃がつきますが、それでかまいません。そのまま使い、切れ味が落ちてきたら研ぐことを繰り返すうちに、自分のしのぎ角で全面が砥石にあたるようになります。はじめのうちは刃先から数ミリ研げばよいだけなので、すぐに刃返りが生じるはずです。中砥で研いで刃返りが出たところで、仕上砥にバトンタッチするのがポイントです。

刃先だけが砥石にあたる新品の刃。

▶ 青砥と革砥

　さらに切れ味を追求したい方は、ストラップ（革砥）を試すのもいいでしょう。私は、端材に革の裏を上にして貼りストラップにしています。革に青砥（あおと）というコンパウンドを擦り付け、その上で少し強く、一方通行で刃の両面を数回研ぎます。仕上砥の後に続けてストラップで研ぐ場合には、刃研ぎガイドを付けたままで行なうといいでしょう。ミクロン単位の刃返りを取るには有効です。しのぎ面の輝きがさらに増し、鏡のようになります。

▶ ダイヤモンドペースト

　更に先があります。ダイヤモンドペーストは、練り歯磨きのようなペースト状のコンパウンドで、ダイヤモンドの粉が混ざっています。板やガラスなどの上に薄く塗り広げ、そこで刃を研磨します。刃と鏡の区別がつかないぐらいになり、そのような刃がカンナに装着されているのは気持ちのよいものです。

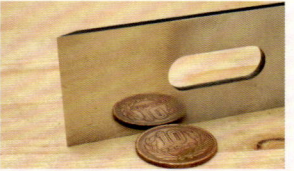

左：MDF板にダイヤモンドペーストを塗り、研磨しています。右：刃裏も研磨しました。鏡のように10円玉がくっきり映り込んでいます。

▶ 砥石を平らにする

水をつけたサンドペーパーを定盤に置くと、吸い付いて砥石でこすっても動かなくなります。サンドペーパーは#120前後です。

　砥石は、使っていくうちに表面が減ってきますが、平らでなければ、まっすぐな刃は研げません。砥石を毎回まっ平らに削り直すことを「面直し（つらなおし）」といいます。

　濡らした耐水サンドペーパーを精度の高い平面（定盤／じょうばん）に置き、その上で平らになるまで砥石を削ります。その時、砥石に鉛筆で縞模様を書いておくと、平らになっていく様子を見ながら作業ができます。砥石の面直しは、刃を研ぐたびに行ないましょう。中砥も仕上砥も両方面直しをします。

　定盤には、ホームセンターなどにある敷石を使います。表面が鏡面研磨されているものを選び、物差しなどまっすぐなものをあてがって、きちんと平面が出ているかどうかをチェックして購入しましょう。

COLUMN

▶ ダイヤモンド砥石

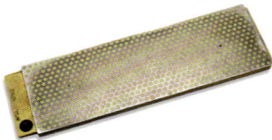

耐水サンドペーパーで砥石を平らにする方法を紹介しましたが、他にも、水をはったバケツの中で、砥石と荒めのダイヤモンド砥石をすり合わせる方法があります。また、ダイヤモンド砥石は、刃に欠けが生じた時の修正にも有効です。

(商品名:DMT Diamond Bench Stone/www.leevalley.com)

Chapter6
もっと知りたい！
西洋カンナ詳細ガイド

ヒント① 削り棒で切れ味を試す

　刃を研ぐと、切れ味を試したくなるものです。そのための削り棒を作っておきます。ヒノキやヒバ、その他好みの材を使います。幅3cm程度の角棒の端にストッパー役のフックを接着すれば完成。はじめからカンナ屑が均一には出ないかも知れませんが、材が平らでない場合も多いので、刃の傾きなどを調整し直す前に、しばらく削って様子をみましょう。

　また、削り棒では、できる限り薄いカンナ屑を出すことに挑戦しましょう。向こうが透けて見えるぐらい薄くできるはずです。その時の刃口の隙間は1〜2mm程度まで狭くします。カンナ屑の厚みより少し広ければよいのです。

削り棒で切れ味を試してみます。

左はヒノキ、右はヒバを使った削り棒。使い込んで材が薄くなったら、その上に新しい材を接着して使っています。棒の手前に、作業台に引っ掛けるフックが見えます。

ヒント② 細い刃の研ぎ方

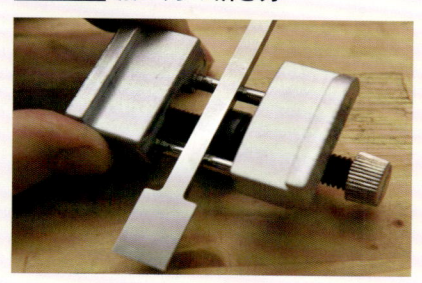

ショルダープレーンやノミなどの細い刃は、刃研ぎガイドの2本のロッド上に置いて挟みます。

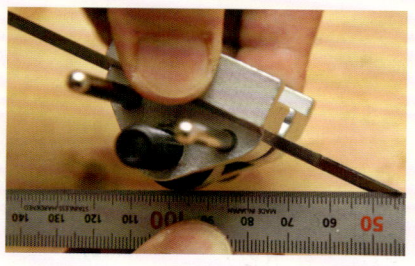

定規を砥石に見立てて刃の研ぎ面を合わせます。

　ショルダープレーンの刃のような細い刃は、刃研ぎガイドの通常位置にはさむことができません。そこで、本来の使い方ではありませんが、2本のロッド上に置いてはさむのが有効です（このガイドにはノミをはさむV字状の溝もありますが、はさみ方がやや不確実なのであまりおすすめしません）。

　写真の刃をクランプする部分に、鋳造の過程で生じたバリ（縁などにある余分なはみ出し）が残っていることがあります。その場合は、ヤスリで削って取り除きます。

　続いて、ゲージを自作します。定規を砥石に見立てて研ぎ面を合わせます。その後、刃先から刃研ぎガイドまでの距離を測り、その距離でゲージを自作します。細い刃を研ぐ時は、奥から手前に動かしたほうが、その逆より安定して研げます。両面テープを貼って、刃を押える人差し指を安定させるのもよい方法です。

ヒント③ カンナ屑は浴室で再利用

　長いカンナ屑が出るようになってくると、それを捨ててしまうのは何かもったいないような気がしてきます。ヒノキやヒバなら、洗濯ネットに入れてバスタブに浮かべれば、ヒノキ風呂の気分が味わえます。浴室に香りが充満して最高!

ヒント④ 刃研ぎガイドのメンテナンス

　刃研ぎガイドは使い終わったらきれいに掃除し、ネジ部とローラーの軸受部に油を差しておきます。次に使う時に砥石上に油膜ができても何ら影響はありません。注油こそ大切!

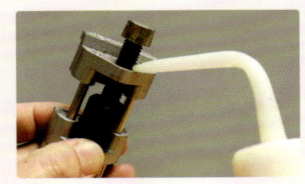

COLUMN

▶ ノミの刃研ぎ

写真は刃研ぎガイドでノミの刃を研いでいるところです。ノミの柄が邪魔になるため、通常とは向きを反対にして研いでいます。安定して研ぎやすいのであれば、このような方法でも問題ないでしょう。私は、ノミの種類によってこのように研ぐことがあります（写真左下）。また、柄を外すことができるタイプは、刃を研ぐ時に柄が邪魔になりません（写真右下）。

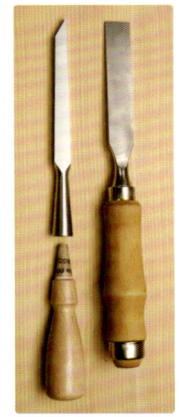

ヒント⑤ 刃を正確にセットするためのゲージを自作する

　刃研ぎガイドに刃を固定する時のゲージを自作してみましょう。写真①は、刃先から50mmのところに刃研ぎガイドをセットするためのゲージ。写真②は、ショルダープレーンなど細い刃用のゲージ。素材をアクリルにすれば、アクリル接着剤を使って簡単に作れます。刃先があたる部分を木製にすると徐々に刃先が食い込んで、正確な距離に刃をセットすることができません。この部分は、アクリルやアルミなど硬い素材を選びましょう。

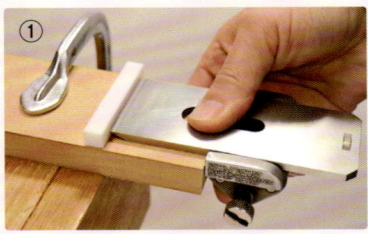

① 50mm／25°のアクリル角棒のフェンス

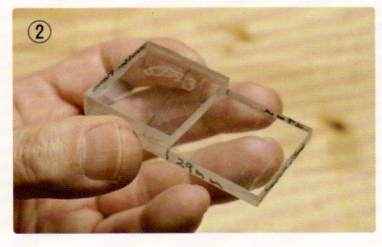

② 全てアクリルで作ったゲージ。アクリル接着剤を2枚重ねたアクリル板の間にたらすだけでできます。

道具・工具、木材の入手先一覧

【Lie-Nielsen西洋カンナ／大留め削り台の金具／
DIY ビデオマガジンシリーズ／ジグ】
■ (株)インターナショナル・ミライ・コーポレーション
（Lie-Nielsen 西洋カンナ総代理店）
〒162-0053 東京都新宿区原町3-73
Tel : 03-3205-2741　Fax : 03-3205-2742
http://www.mirai-tokyo.co.jp　mirai@momo.so-net.ne.jp

【木工用品の通信販売】
■ WOODCRAFT（アメリカ）
www.woodcraft.com

■ Lee Valley TOOLS LTD.(カナダ)
http://www.leevalley.com

■ DIYCITY
株式会社ダイナシティコーポレーション
〒101-0051 東京都千代田区神田神保町1-22　NTビル4F
Tel : 03-5282-2848　http://www.diyna.com/

■ ツールズGR
〒333-0861　埼玉県川口市柳崎4-7-32
Tel : 048-424-2361　Fax : 048-424-2362
http://www.tools.gr.jp

■ ビーツールズ
〒272-0802　千葉県市川市柏井町4-374-3
Tel : 047-303-6231　http://www.p-tools.com/

■ KQLFT TOOLS(クラフトツールズ)
http://kqlft.com

【ルータービット】
■ MLCS（アメリカ）
MLCSWOODWORKING.COM

■ ツールズGR
〒333-0861　埼玉県川口市柳崎4-7-32
Tel : 048-424-2361　Fax : 048-424-2362
http://www.tools.gr.jp

【レンタル工房】
■ みんなの木工房　DIY好き(だいすき)
東京都世田谷区世田谷1-5-10
Tel : 03-3439-2022
http://www.h4.dion.ne.jp/.workshop/index.html

【小品用木材の通信販売】
■ 常木教材株式会社
〒284-0008 千葉県四街道市鹿放ヶ丘81-10
Tel : 043-422-7776
http://homepege3.nifty.com/tsunekikyouzai/

【木工クラブ／教室】
■ ウッディクラフト倶楽部（神奈川県川崎市）
Tel : 044-865-9440

■ 上総木工交流会（千葉県君津市／著者が参加している木工クラブ）
http://open.sesames.jp/kazusa-woodshop/html/_TOP/
http://kazusawoodcraft.blog98.fc2.com/

■ 西洋カンナクラブ（東京都新宿区／著者が主宰）
〒162-0053　東京都新宿区原町3-73
http://www.mirai-tokyo.co.jp（ノコギリ木工内）
Tel : 03-3205-2741

■ 多摩DIY 倶楽部（東京都八王子市）
〒192-0153　東京都八王子市西寺方町1006-144
Tel : 042-652-4753
http://www42.tok2.com/home/tamadiykurabu/index.htm

■ 日本日曜大工クラブ（大阪市）
http://www.tcn.zaq.ne.jp/kodera/sub3.htm

【ノコギリ木工に役立つ資料】
DIY ビデオマガジンシリーズ#20「手加工ダブテールジョイント」
DIY ビデオマガジンシリーズ#19「マンション木工」
DIY ビデオマガジンシリーズ#17「額縁づくり」
DIY ビデオマガジンシリーズ#16「西洋カンナ／イギリス木工ショー」
DIY ビデオマガジンシリーズ#1「特集・ルーター」
CD「ノコギリ木工（入門編）」

問い合わせ : http://www.mirai-tokyo.co.jp

超画期的 木工テクニック集

2013年2月5日 発行

木工研究家／DIYアドバイザー

杉田 豊久
（すぎた とよひさ）

木工の出発点となった自作中のクルージングヨット

1951年東京都生まれ。27歳の時から5年半かけて自作したクルージングヨットが木工の出発点。その経験からジグの重要性を認識。製品名アキュレットガイドなどを自ら開発し、国内で製造／販売している。また、DIYビデオマガジンシリーズを制作／販売。電動工具に頼らない本書の木工は静かで安全。マンションなど、制約が多い作業環境にお住まいの方々でも木工を始めることができる解決策。最近は、その伝道師として新技法の開発を続けている。共著に『決定版! ルーター＆トリマーで本格木工』『週末木工を楽しむ本』（学研パブリッシング）などがある

著者／	杉田豊久
撮影(完成作品)／	佐々木智雅
撮影（プロセス）／	杉田豊久
図版・3D CG製作／	杉田豊久
編集／	後藤秀之
	富田慎治
	岩田 塁
	本田 多恵子
デザイン／	藤井 映
広告・営業／	八川優作
発行人／	高橋矩彦

警告　CAUTION

■この本は、習熟者の知識や作業、技術をもとに、読者に役立つと弊社編集部が判断した記事を再構成して掲載しているものです。あくまで習熟者によって行われた知識や作業、技術を記事として再構成したものであり、あらゆる人が、掲載している作業を成功させることを保証するものではありません。そのため、出版する当社、株式会社スタジオ タック クリエイティブ、および取材先各社では作業の結果や安全性を一切保証できません。また本書に掲載した作業により、物的損害や、傷害といった人的損害の起こる可能性があり、その作業上において発生した物的損害や人的損害について当社では一切の責任を負いかねます。すべての作業におけるリスクは、作業を行うご本人に負っていただくことになりますので、充分にご注意ください。

■使用する商品に改変を加えたり、取り扱い説明書などの指示等と異なる使い方をした場合には不具合が生じ、事故等の原因になる可能性があります。メーカーが推奨していない使用方法を行なった場合、保証やPL法の対象外になります。

■写真や内容が一部実物と異なる場合があります。

■本書は、2012年11月22日時点での情報をもとに編集されています。そのため、本書で掲載している商品やサービスの名称、仕様、価格などは、製造メーカーや小売店などにより、予告無く変更される可能性がありますので、充分にご注意ください。

PLANNING,EDITORIAL & PUBLISHIHG

(株)スタジオ タック クリエイティブ
〒151-0051東京都渋谷区千駄ヶ谷 3-23-10　若松ビル2階
STUDIO TAC CREATIVE CO.,LTD.
2F,3-23-10,SENDAGAYA SHIBUYA-KU,TOKYO 151-0051 JAPAN

[企画・編集・広告進行]
Telephone 03-5474-6200　Facsimile 03-5474-6202
[販売・営業]
Telephone & Facsimile 03-5474-6213

URL http://www.studio-tac.jp
E-mail stc@fd5.so-net.ne.jp

STUDIO TAC CREATIVE
(株)スタジオ タック クリエイティブ

©STUDIO TAC CREATIVE 2013 Printed in China through World Print Ltd.

●本書の無断転載を禁じます。
●乱丁、落丁はお取り替えいたします。
●定価は表紙に表示してあります。

ISBN978-4-88393-584-0